读懂投资　先知未来

大咖智慧
THE GREAT WISDOM IN TRADING

成长陪跑
THE PERMANENT SUPPORTS FROM US

复合增长
COMPOUND GROWTH IN WEALTH

一站式视频学习训练平台
WWW.DUOSHOU108.COM

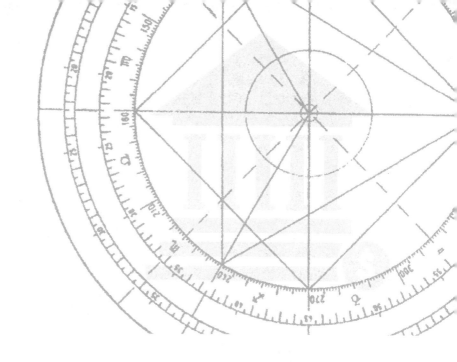

江恩技术手稿解密

晋源解读版

晋源——著

山西出版传媒集团　山西人民出版社

图书在版编目（CIP）数据

江恩技术手稿解密：晋源解读版 / 晋源著 . — 太原：
山西人民出版社，2023.4
ISBN 978-7-203-12325-5

Ⅰ.①江…　Ⅱ.①晋…　Ⅲ.①股票交易—通俗读物
Ⅳ.① F830.91-49

中国版本图书馆 CIP 数据核字（2022）第 122854 号

江恩技术手稿解密：晋源解读版

著　　者：晋　源
责任编辑：吴春华
复　　审：吕绘元
终　　审：贺　权
装帧设计：王　峥

出 版 者：山西出版传媒集团·山西人民出版社
地　　址：太原市建设南路 21 号
邮　　编：030012
发行营销：0351-4922220　4955996　4956039　4922127（传真）
天猫官网：https://sxrmcbs.tmall.com　电话：0351-4922159
E-m a i l：sxskcb@163.com　发行部
　　　　　sxskcb@126.com　总编室
网　　址：www.sxskcb.com

经 销 者：山西出版传媒集团·山西人民出版社
承 印 厂：廊坊市祥丰印刷有限公司

开　　本：710mm×1000mm　1/16
印　　张：19.5
字　　数：300 千字
版　　次：2023 年 4 月　第 1 版
印　　次：2023 年 4 月　第 1 次印刷
书　　号：ISBN 978-7-203-12325-5
定　　价：78.00 元

如有印装质量问题请与本社联系调换

前　言

喜欢 W.D. 江恩的交易者数不胜数，他们来自世界各地，从纽约、伦敦、加尔各答、内罗毕到中国香港，有无数的江恩爱好者都在研究他的教程。在与读者交流中，我了解到，他们希望阅读有关江恩交易的入门书籍，也想一睹江恩尚未出版的手稿，期望江恩最为珍视的研究成果公布于世。

尽管很多人愿意学习江恩的著作，然而，他们拿到以《华尔街45年》为代表的江恩原著之后，发现需要运用宗教、数学、天文学与交易操盘等多种知识，感觉相当吃力，无法掌握其中的精髓。同时，江恩的大部分图表都未附有详细的使用指南，初学者往往不得其门而入。如果江恩先生在世，在当今互联网时代，运用 IT 技术再配上江恩本人的解说，可帮助初学者快速入门。

江恩怀着开放的心态，探究跨学科的知识，从数字起源到音阶乐理，甚至宗教研究，涉猎极其广泛，使他的交易方法既丰富多彩又复杂多变，也无形中增加了初学者学习的难度。江恩的著作和研究成果，大多以英文出版，以英语为母语的交易者可能通读了江恩各个时期的著作，在了解江恩交易相关知识后，再去阅读跳跃性很强的江恩书信，就容易看得懂，容易把江恩思想精髓应用于交易。他们能适应那种跳跃性很强的探讨：从形态学的双底形态，切换到行星交会与价格的对应关系，再切换到江恩反复提及的周年纪念日……对于母语非英语国家的读者来说，这种大跨度的探讨，经常让他们难以理解和接受。江恩的许多原始资料没被翻译成中文，国内许多交易者往往领会江恩思想的只言片语，却对江恩交易体系缺乏全面认识。

实际上，江恩交易体系既完善，又实用。例如，江恩是趋势跟踪型交易者，他既重视预测，又重视风险控制。他会用九方图等丰富的预测工具去预测市场的涨跌方向，而他的风险管理方法同时严密地控制预测失败的风险。在进场方式上，江恩强调回撤进场，以寻求安全的进场点位。他也强调向上突破高点之后买入。向上突破后再进场，容易频繁遭遇假突破，所以，江恩又设计了趋势市中的金字塔式加仓方法，配合老练的资金管理系统，让交易者绕开反复割肉、亏损累累的陷阱，进而实现"如何使证券投机成为有利可图的职业"的理想。让人感叹的是，除了这些主流方法之外，江恩还开拓了一条全新的路线——时间分析方法，探索趋势转折的时间点。这些时间点被称为时间之窗，揭示了好的进场时机，也被誉为"机遇之门"。

江恩出版了多本著作，这些著作是前后呼应的关系，必须集中起来从头到尾读完，才能对他的交易哲学形成系统、科学的认识。要知道，在《华尔街45年》一书中，江恩没有详细讲解《市场真理与规则》《选股之器》和《趋势交易与探测器》中提到的规则。所以，如果你只买《华尔街45年》进行阅读，往往翻几页，便会读不下去，最终将这本书束之高阁。

江恩本人的作品涉及大量的背景知识，在快节奏的当下，让大多数读者孜孜以求地投入大量时间、精力和金钱去研究，是不现实的。要知道，江恩图表成千上万，买下这些图表的比利·琼斯为了把它们从迈阿密搬回家，还动用了当时最大的五月花集装箱货车来搬运！本书将为您解决这一困扰，首先，本书将江恩资料的精髓集中起来，并附上相应的解读。我对江恩各个时期的原著手稿进行了梳理，从一线实战交易者的视角出发，将江恩原著中那些跳跃度极大的知识点条理化，方便交易者学习使用。

我从1994年起便开始学习江恩的交易系统知识，为将其研究成果应用于实战，投入了大量的时间和精力。20 世纪 90 年代在江恩论坛、未来趋势论坛作为江恩技术实战版主的我，结识了一大批江恩交易系统的爱好者。许多交易者对江恩理论一知半解，胡乱运用，结果受到市场无情的惩罚。鉴于此，我决心书写江恩实战教程，并将其转化为自动化交易工具，以证明江恩理论可以成功应用于实战。后来，我从事私募资金的操作，非常繁忙，便很少发表江恩的专题研究。2005 年是江恩去世 50 周年，在这特别的时刻，感念江恩的引导，我推掉了晚上的各类应酬，开始梳理笔记，整理教案，最终于 2008 年完成《江恩天书破译》一书，供江恩爱好者学习与交流。然而，梳理历史资料只是必要的途径，江恩交易的实战化应用才是我的中心目标。多年下来，我编写了江恩的多种自动化与半自动的交易工具，能够快速、方便地让交易者摆脱人工盯盘的烦恼和负担。

我到上市公司调研时，朋友听到我的电脑发出的提醒信号，觉得好奇。这就是程序的魅力，它让我省去了翻阅数千只股票的烦琐，交易也变得轻松、惬意。

"江恩原著 + 注解 + 交易工具"，这种三合一的组合方式，为交易者提供了周到的支持，交易者不需要在江恩研究的深宫中过多地停留，不需要琢磨那些广阔复杂的多学科知识，只需要借鉴本书，使用代表江恩思想精髓的简洁工具，就能在市场的激流中开始冲浪。这是一本写给渴望成功又能潜心研究的投资者的著作！

晋源

2021 年 10 月

目 录

第一部分　江恩原著与解读

源自江恩的亲笔著作

讲授纯净、原始的江恩理念

导　论

　　首先，作者想向读者介绍江恩一些伟大的市场预测。江恩从这些预测中获得了可观的财富。在江恩的著作中，他向学生们提出了自己的忠告——稳定持续地使用江恩的预测工具和交易规则。江恩被认为是多才多艺的市场预言家和交易者，他的交易方法十分华丽。你只需要使用他的少量分析工具，遵守他的规则，就能稳定获利。分享他的预测成果和成功案例，会让你更有信心。本书大量使用了江恩原著的信息，力求帮助读者学到原汁原味的江恩思想精髓。同时，作者将江恩本人的原话进行了系统整理，使之更适合交易者的操盘习惯。

令人惊叹的实战

　　我们穿越时光，返回到 1909 年的纽约。

　　这年 12 月，《市场行情与投资文摘》发布了理查德·威科夫的一篇报道——《W.D. 江恩：非凡的市场预测和交易记录》。《市场行情与投资文摘》是《华尔街日报》的前身，是非常有影响力的市场刊物。

　　威科夫记载说，在威廉·吉利的监督之下，25 个交易日里，江恩就将最初 450 美元的投资变成了 37,000 美元。江恩进行了 286 次交易，其中：获利 264 次，亏损 22 次，胜率 92.3%。这次实战证实了江恩资金翻倍的能力。

吉利还记录了江恩 1909 年 10 月做出的一系列预测。

吉利这样谈起江恩令人惊叹的预测：

"1908 年，联合太平洋航空公司的价格是 $168\frac{1}{8}$ 美元，江恩告诉我，这只股定有大幅调整，否则不会涨到 169 美元。我们就一直卖空，直到 $152\frac{3}{8}$ 美元，然后获利平仓，并在它上涨后再次做空，从而在 18 个点的波段里，赚到了 23 个点的利润。"

"当美国钢铁公司在 50 美元左右时，江恩来找我说：'它的价格会上涨到 58 美元以上，但不会超过 59 美元。然后，它将下跌 $16\frac{3}{4}$ 点。'于是，我们在 $58\frac{3}{8}$ 美元左右卖空，止损点在 59 美元。价格最高到达了 $58\frac{3}{4}$ 美元，然后跌到 $41\frac{1}{4}$ 美元，一共下跌 $17\frac{1}{2}$ 美元。"

"还有一次，小麦的售价为 89 美分左右。江恩预测，5 月期权的卖出价将达到 1.35 美元。我们买进这只期权，在它随后的上涨过程中赚了一大笔钱。后来它的实际期权价格已经达到 $1.35\frac{1}{2}$ 美元。"

"1909 年夏天，江恩预测 9 月小麦将以 1.20 美元的价格出售。这意味着它必须在 9 月底之前触及这个数字。9 月 30 日，芝加哥时间 12 时，小麦期权跌破 1.08 美元，看起来江恩的预测将无法实现。江恩却说：'如果收盘时没有触及 1.20 美元，就说明我的整个计算方法出了问题。我不管它现在的价格是多少，它必须在收盘前到达那里。'后来，9 月小麦价格出人意料，尾盘大幅飙涨至 1.20 美元，这太不可思议了。"

"在我们的见证下，江恩先生以 $94\frac{7}{8}$ 的价格做空美国钢铁公司，并且断言它不会涨到 95 美元。事实确实如此，在 10 月 29 日的当周，江恩买进这只股票，价格是 $86\frac{1}{4}$ 美元，他说价格不会跌到 86 美元，实际上，最低价格为 $86\frac{1}{8}$ 美元。"

晋源解读

> 　　吉利的见证，显示江恩涉及股票、商品期货、期权、权证的买卖。聪明的交易者会通过不同的品种，建立投资组合。

资金翻倍的技巧

在接受威科夫的采访时，江恩讲到了资金翻倍的 5 个关键之处。

数学是分析工具

江恩说："早在 1908 年 8 月 8 日，我惊喜地发现，数学可以预测市场趋势。"

晋源解读

> 　　江恩认为，市场存在着规律。他发明的一些数学工具，可以精确地预测市场。这些工具包括百分比、九方图、四方图、角度线、时间周期等，简单实用。

顺势交易

江恩说："顺应主趋势的方向交易。如果趋势没有改变，就不要放弃你的既得利润。牢牢跟踪趋势，使用金字塔式加仓，你就能赚到大钱。"

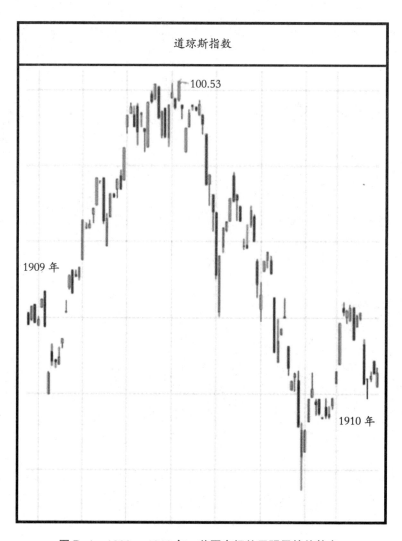

图 D-1 1909—1910 年，美国市场处于明显的趋势市

晋源解读

　　当市场处于明显的趋势市时，对江恩来说是有利的。他擅长在大趋势展开后，顺势而为，通过金字塔式加仓，把市场中赚来的利润又变成新的顺势仓位。这样，即使资金有限，在波澜壮阔的趋势市中，也能积累大的仓位，形成巨大的爆发力。同时，他又使用跟踪趋势的止损单，防备趋势突然反转。因此，逐渐积累的大仓位，也不会在市场逆转时集体缩水，伤害交易者。"顺势而为＋金字塔式加仓＋止损单保护"，成为江恩安全投资的典型特征。

使用震动法则

　　江恩说："确定了趋势之后，我根据每只股票的特有振荡频率操作。震动法能够识别股票的阻力位与支撑位，并且能够预测价格反转或者大幅波动的时间。"

快速波动的趋势市场

　　江恩擅长快速翻倍小额账户。其成功的例子有很多，其中包括：1923 年将 973 美元的账户翻倍，60 天内使得账户资金超过 30,000 美元；1933 年进行了 479 笔交易，其中 422 笔获利，胜率为 88%，年利润率超过 400%；1946 年，他 3 个月内又取得了 13,000 美元的净利润，当时的起始资金是 4,500 美元，3 个月的利润率接近 400%。

晋源解读

　　江恩取得如此优异的成绩，并非他进行了毫无胜算的重仓赌博，而是利用了快速波动的市场，通过趋势交易获利。这也意味着在窄幅盘整的横盘市，江恩的方法同样受到限制，不会出现惊人的翻倍成绩。

超乎寻常的时间工具

　　当时，多数分析员仅仅对基本面进行研究，江恩除了研究基本面，也创新性地使用了时间周期。他认定过去的市场行为可以预测未来，只要找到那个特定的时间周期，就能预测未来的转势时间。

威廉·戴尔伯特·江恩

　　"顺应主趋势的方向。如果趋势没有改变，就不要放弃你的既得利润。牢牢跟踪趋势，使用金字塔式加仓，你就能从交易中赚到大钱。"

——江恩

图 D-2　1909 年 12 月，《股票行情与投资文摘》第 5 卷第 2 期公布了有关江恩的访谈

复利增长的理念

江恩并非是孤注一掷的赌博狂徒。他奉行稳健、保守的交易风格，主张通过长期的复利，实现财富的积累。

在《市场真理与规则》一书中，江恩说："我曾经通过连续投机，在很短的时间内获得了大量利润，可这种事情不会一成不变，而且我也不认为能够一直如此。我提供一种安全又稳妥的方法：只要保守经营，不把投机当作一种疯狂的赌博，用这种方法就能比世界上其他生意获得更多的利润。在投机市场上，如果一个人老练到能够在时机出现时立刻抓住，那么每年都有这样的机会。"

晋源解读

江恩的交易记录显示，他使用了复利方法。他利用高胜算的交易机会，尽量稳赚不赔，保守经营。但是，他会把大部分的盈利用于再次投资，实现稳定的复利增长。随着时间的积累，资金量将变得越来越大，赚钱越来越快。

研究江恩的资料

江恩不仅从事交易，还留下了许多著作、市场通讯和数千张手稿。下面将对江恩的原著进行介绍，以时间为序。

1911 年《如何使证券投机成为有利可图的职业》：江恩的第一本著作

出版这本薄薄的小册子时，江恩时年 39 岁。1910 年，江恩的实战成绩经过威科夫的报道，其名誉随之而来。江恩说："我已经在股票和商品期货交易市场获得巨大收获，名声大振，很多投资者强烈要求我写一本书，讲解操盘秘诀。他们的问题已经在我的第一本出版物——《如何使证券投机成为有利可图的职业》中给予了回答。"

1923 年《市场真理与规则》：适合初学者的入门书

江恩时年 45 岁。

这本书属于图表分析的开山之作，用标准的市场数据分析市场行为，被《华尔街日报》誉为江恩的最佳著作，适合新手学习。与约翰·玛吉的《市场趋势技术分析》一样，这本书至今仍被视为图表分析领域中最杰出的作品之一。

江恩写作《市场真理与规则》时，当时有两种方法查看报价：一是通过报纸，二是查看报价带。收报机把价格打印到长纸条上，这种长纸条就被称为报价带。

图 D-3　报价带

1927 年《时空隧道》

江恩时年 49 岁。

江恩说："我在这本书中使用了时间周期理论，这是我从《圣经》

中发现的。我通过《圣经·启示录》预测了未来事件，如核武器和高速飞机。我从《圣经》箴言中获得了交易诀窍和人生智慧。《圣经·新约·马太福音》中提到了东方三博士观测和跟踪一颗新星，最终发现了耶稣。其实，这类天文学知识，同样可以应用于市场预测。"

晋源解读

《时空隧道》是一本有趣的爱情小说，里面蕴藏了江恩交易方法，江恩还做出了许多预言，展示了他天马行空的想象力。

1930 年《选股之器》

江恩时年 52 岁。

这本书出版后引发轰动。江恩讲到了自己的选股方法，强调"顺应趋势，金字塔式加仓"。交易者可以跟随江恩，研判趋势的变化、买卖的价位和止损单的点位设置。江恩说："我提供了一个长达 10 年的交易实例，来证明我的法则能帮助你赚取丰厚利润。"

1936 年《趋势交易与探测器》

江恩时年 58 岁。

江恩说："我的一些重大发现是 1932—1935 年总结出来的。"这本著作是江恩研究的集大成者，想要研究江恩的指标工具，这本书是最好的资料。以江恩的这本原著为基础，作者开发了一系列的指标工具，用来演示"新股票趋势指示器"的实战应用。

1937 年《如何从期权交易中获利》

江恩时年 59 岁。

江恩认为，期权是控制风险的良好工具。许多交易者受制于心魔，使得"砍断止损，让利润奔跑"成为无法实现的童话。期权能够事先控制风险，进场之后就能自动地"砍断止损，让利润奔跑"。

晋源解读

在金融行为学中，想赢怕输、盲目跟风、过度自信等不良心态，都会造成交易行为的扭曲。想靠着人的意志力去克服，难度很大。所以，专业交易者会用更好的金融工具，防范人性弱点。

期权能够较好地控制风险。买入期权，缴纳期权费之后，风险就被锁定，就算看错方向，损失的也只是期权费。如果是股票交易呢？受制于心魔，交易者容易让亏损扩大，甚至亏损加仓，最终爆仓出局。

1941 年《从商品期货中获利》

江恩时年 63 岁。

江恩说："我的亲身经验表明，商品期货交易比股票更能赢利，用相同的资金、承担更小的风险，你就能博取更大利润。"江恩在这本著作中有一小段文字，表达了他对儿子约翰的喜爱之情。江恩写道："敬致忠实的工作者。""致我的爱子，约翰·L.江恩，我对他的谢意难以言表。他勤勉、忠实、尽责，协力编制了此书。许多关于百分比的研究成果还是他发现的。他完全胜任此项工作，我希望有朝一日他能超越我。"

1949 年《华尔街 45 年》

江恩时年 71 岁。

这本著作是江恩的传世经典，讲到了 21 条交易规则和 12 条守则，销量很好。

我们必须提前阅读《市场真理与规则》《选股之器》和《趋势交易与探测器》这三本原著，在熟悉了江恩的交易体系之后，才能读懂《华尔街45年》。另外，江恩未在这本书中配上图表，使得喜欢江恩原著的读者遭遇不小的麻烦。《华尔街45年及手稿补遗》一书为江恩原著增补了珍贵的图表，并且结合软件和视频课，让江恩思想实战化。

1954年《从商品期货中获利》修订版

江恩时年76岁。

江恩说："我总结了52年来的宝贵经验。只要你认真学习，开设一个小额账户进行期货交易，就能获得市场操作的成功体验。"老年的江恩越来越重视风险，认为小额账户和模拟训练是走向成功的必经步骤。

江恩演示了他的29条交易规则。其中8条规则是《华尔街45年》没有讲到的。这是江恩最后改编的一本书。

晋源解读

29条交易规则中，有8条是《华尔街45年》没有的，读者需要先理解三日反转图才能加以应用。

《江恩股票市场教程》与《江恩商品期货教程》

这两套课程，江恩早在20世纪30年代就用在学生们的授课教学中。1932年，人们愿意为自修课程支付1,500美元，而为江恩的面授课程支付5,000美元。江恩也通过邮件，解答每位学生遇到的问题。江恩的这两套教程中文版已经出版发行了。

此外，江恩还出版了《魔词》等书。

晋源解读

　　《魔词》看似与交易无关，却能让交易者拥有积极的心态，在高风险的股票市场中，正视挫折，并不逃避，能够让交易者尽快地掌握主动权，反败为胜。

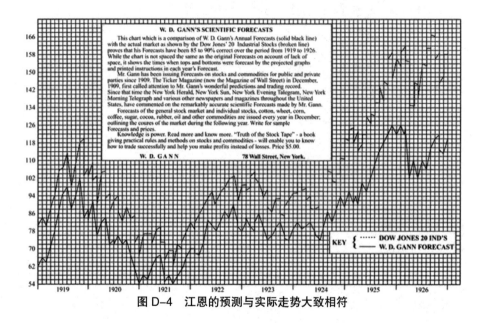

图 D-4　江恩的预测与实际走势大致相符

江恩的验证图

江恩每年 12 月都通过《供需通讯》，发布第二年的预测。

　　这张走势图比较了江恩年度预测（实线）及道琼斯 20 种工业价格指数（虚线）的走势。可以看出，1919—1926 年，江恩大约 85%—90% 是正确的。江恩的众多爱好者都期望实现这样的预测能力。

　　1929 年 1 月，他在年度预测上写道："1929 年 9 月，将发生全年最为激烈的崩盘。投资者信心大减，争相出局……市场出现恐慌性下跌，

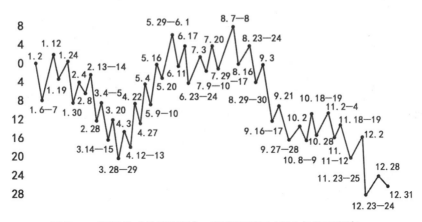

图 D-5　江恩的《供需通讯》，准确预测了 1929 年美国股市

仅有小幅反弹。"1929 年 10 月 29 日，在极为乐观的投资氛围中，道琼斯指数一泻千里，跌幅达 22%，创下了单日跌幅之最。美国进入了空前绝后的"大萧条"时期。到 1932 年，道琼斯指数较 1929 年的历史最高点下降了 89%。

晋源解读

江恩曾经提到，大多数情况下，他能预测到股票在什么时间，到达什么价格。这种预测方法简称为"何时何价"。核心是波动率，被视为不宣之秘。

1954 年大豆信件

1954 年大豆信件揭示了江恩的自然法则，其背后是天文学的知识。江恩认为，天文现象对地球事件诸如天气、植物生长、人类心理等有所影响。

晋源解读

江恩用"法则""数学法则""几何法则""自然法则"暗指天文现象。

江恩不断地精炼他的技术，直到去世。从资料上看，有些文章甚至是他去世之前两个星期写的。他试图将价格、时间和成交量整合，建立一体化的交易系统。

江恩通过交易和讲学，拥有了丰厚的财富。他是全美第一架私人全铝外壳飞机的购买者。1955 年 6 月 18 日，江恩在纽约布鲁克林的卫理会医院病逝，终年 77 岁。1983 年，由于江恩的突出成就，美国市场分析师协会决定把年度大奖颁发给江恩。约翰为父亲代领了这一奖项。

江恩的研究成果没有被儿子传承，反而被许多江恩爱好者孜孜以求地探求。比利·琼斯、海尔齐克、金肯斯等人对传播江恩理论，都做出了重要贡献。

后来，琼斯先生购买了江恩的手稿，动用了最大的五月花集装箱货车，将江恩大量的原始资料带回家中，使自己的交易如虎添翼。琼斯还公布了一些鲜为人知的江恩交易方法，并且出版了《江恩技术研究》一书。遗憾的是，琼斯先生英年早逝。

学与练

江恩赚大钱的秘技

江恩擅长在大趋势展开后，顺势而为。在这个趋势持续延伸的过程中，他通过金字塔式加仓，把市场中赚来的利润变成新的顺势仓位，这样就能让数量有限的资金取得惊人的爆发力，变成大的仓位。同时，江恩又使用跟踪止损单，防备趋势突然反转，避免大仓位变成伤害交易者的负担。"顺势而为 + 金字塔式加仓 + 止损单保护"，成为江恩安全投资的典型特征。

延伸阅读

在接受威科夫的采访时，江恩提到了一个有意隐藏的方法：时间转折，它增强了江恩的胜算，能够比大众提前获得好的价格。

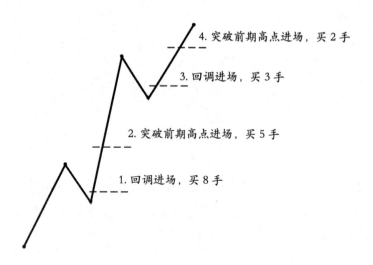

图 D-6　江恩交易方法：顺势操作，盈利加仓

第一章　江恩谈"股票的四个时期"

威廉·戴尔伯特·江恩

William D.Gann

1878. 6. 6——1955. 6. 18

供求关系影响价格。

——江恩《市场真理与规则》

导　读

　　投资是有利可图的。我们能看到价格大幅上升的许多案例，有些股票能上涨数倍甚至数十倍之多，这是吸引交易者的强大动力。不幸的是，一些高价区的股票也会出现急速下跌。一年的收益可能在几周内灰飞烟灭。因为股票价格下降的速度比上升的速度更快，正应了一句市场谚语："牛沿着楼梯慢慢爬，熊推开窗户向下跳。"

　　然而，江恩告诉我们，股票有四个活动时期，每个时期都有各自的特征。当识别股票的四个活动时期之后，你就能够学会操作秘诀：在建仓期和拉升期长线持股，在派发期及时离场。江恩指出，建仓期的价格波动往往比较平缓，"当价格出现了最后一轮反弹，然后跌至非常低的水平时，价格波动就会减速"。派发期的价格波动往往比较剧烈，"价格的大范围波动，高价区比低价区更为频繁，主要是因为派发正在发生"。

　　识别这些特征，则是交易成功的基本功。

下面，我们进入正文。

江恩说："一只股票有四个活动时期——建仓期、拉升期、派发期、下跌期。"

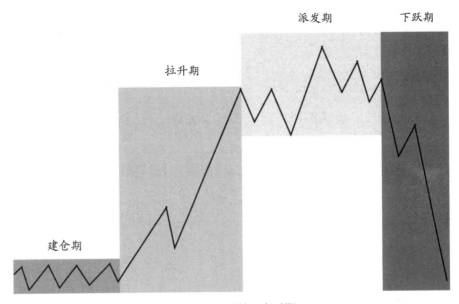

图 1-1　股票的四个时期

"在底部时，买卖双方的力量处于平衡，波动逐渐缩小，耗时数年、数月或数周，主力机构开始悄无声息地搜集筹码，甚至制造恐慌消息，吸收公众的股票。这是股票的建仓期。"

"当买盘大于卖盘的时候，价格就会一路上涨，进入拉升期，最终到达顶部。然后，囤积股票的机构开始派发股票。此时，股票进入派发期。当卖盘的抛压较大，而买盘又跟不上时，价格就会走低，股票进入下跌期，最终形成了底部。"

建仓期

建仓需要时间，价格的波幅往往较小。

江恩说："就像建造大楼一样，需要花时间打好地基。楼体越大，打好地基的时间就需要更长。同样的道理，股票上涨的幅度越大，准备的时间就越长。在建仓期，为了买进大量的股票，一天、一周、一个月是不够的，建仓需要花上几个月甚至一年的时间。"

"股票在建仓期的波动非常小。当股票跌到很低的价位，知情者为了大规模建仓，就会悄无声息地行动，用尽一切方法，掩盖买进股票的事实，并且动用一切力量，阻止外界人士买进股票。他们必须以尽可能便宜的价格拿到筹码。"

建仓阶段，价格踟蹰不前，甚至会遭遇主力机构的打压，但是后市可期。

江恩说："安全的买进机会是在一段连续性的重大跌势之后，跌无可跌，或者处于历史的低价区。貌似股票处于最弱势，却因为有人正在买进，实际处于最强势的状态。"

晋源解读

交易者要克服心中的恐惧，在股票貌似最弱时买进。

拉升期

股票进入拉升期之后，价格波动往往较快。

江恩说："在股票趋势确认之后进场，可以赚到快钱，就像赛马比赛一样。把马从拴马桩上解下来，需要花费 15—20 分钟，但赛马一旦跨出起跑线，不到几分钟，比赛就结束了。即使进场的价位比底部高出 10 美元、20 美元，还是 30 美元，只要趋势上行，顺势买进，就能获利。"

股票在拉升过程中会有洗盘。

江恩说："主流趋势向上时，等到所有卖出的股票都被买方尽数吸纳，价格就会继续攀升到一个更高的价位。经过了暂时的停顿之后，价格持续上涨。因此，千万不可逆势而动，始终都要顺势而为。"

派发期

江恩说："在派发期，股票每隔几天就会出现上冲，然后横盘波动，出现小幅或大幅振荡。这种现象一直持续到派发全部完成。在这种貌似宁静的相持当中，许多交易者喜欢在交易所高谈阔论。人人都希望市场能够上涨，或者起码保持现状。"

"然而，知情者正在卖出股票。他们会大造声势，尽一切可能吸引公众注意，引诱公众倾其所有买入。不要幻想这些知情者告诉你真相：他们在股票接近顶部时不遗余力地卖出股票，因为此时的价格已经相当高了。大部分报纸充满了乐观的论调。他们知道，在世道好的时候，乐观的言论大家都爱听，便极其地大唱赞歌。"

晋源解读

为了识别派发期，股票出现了第三或第四个上涨波段时，就要警惕转势。

下跌期

江恩说："当股票供给一路增加，超过了需求时，价格就会开始下跌，不要因为价格下跌就买进。"

下跌过度后，聪明的投资者会谨慎地进场。

江恩说："在暴跌过程中，精明的人一直揣紧他们的钱袋子，不会贸然进场。他们会一直等到前景貌似糟透了时才进场。此时，价格已经远远低于股票的实际价值。于是，他们开始在底部买进股票，耐心和胆识为他们带来了丰厚的回报。要知道，前景看似越来越差的时候，买进股票是要有胆识的。"

操作适合自己的股票

虽然每只股票都有自己的四个时期，江恩却指出："任何有 10 多年经验的交易者，会发现一些股票并不适合自己，无论是做空还是做多，总以亏损告终。别的股票却对他十分友好，就像自己豢养的忠诚的宠物一样。"

"只坚持做那些对己有利的股票。多年以来，一只名叫'墨西哥保险箱'的股票深受我的宠爱，总能让我赚到钱。我对该股的预测准确率甚至高达 90%，仿佛我在操纵它的价格。我对一些股票也有同样的预测准确度，却总是赚不到钱。经验一旦表明，有些股票在跟你作对，就不要继续做下去。"

"市场上总会有一些走势很怪的股票和一些不符合交易法则要求的股票，对它们要敬而远之。"

学 与 练

江恩方法：与机构投资者行动一致

在股票看似最弱时买进股票的，往往是专业投资者，其中包括养老基金等机构交易员、银行、经纪公司、共同基金公司和对冲基金。这类投资者往往拥有动辄数十亿的资金，能够影响个股的供求关系，深刻地影响着股票的四个阶段——建仓期、拉升期、派发期、下跌期。

在操作一只个股时，这类机构投资者会买入那些他们认为价格被市场低估的公司股票，按照自己的计划，长期持有这些股票，并且通常忽略市场短期的价格波动。随着上市公司的盈利能力增强，股票的投资价值随着时间增长，机构投资者会推波助澜地推动价格上涨，在合适的时机，使股票进入拉升期。聪明的个人投资者会研究这些机构投资者的动向，在股票的建仓期和拉升期耐心持股，在派发期离场，并在下跌期空仓躲避风险。这就是与庄共舞。

江恩方法：拉升期是进场的好时机

在江恩看来，价格上涨之后出现停顿，特别是第一次和第二次的停顿，只是为了吸收一些交易者卖出的股票，并且让新的买方能够进场。然后，价格会继续上涨。

延伸阅读

　　股票市场中包含了数以千计的股票。即使是实力强大的机构投资者，在操作个股时，也会顺应股票市场的整体大势，因为这样操作最轻松。牛市出现时，大众蜂拥入市，纷纷争抢多只股票，投资气氛变得极其热络。这个时候，机构投资者就会顺应大众的情绪，制造各种利好消息，把价格轻松拉高。

下一章，我们来研究整体市场。先顺应市场大势，再操作个股，投资就会变得更轻松。

第二章 江恩谈"市场的八个阶段"

威廉·戴尔伯特·江恩
William D.Gann
1878.6.6—1955.6.18

　　牛市和熊市都不会直上直下走完一轮行情，一般会有四个阶段。不过，有时行情在第三阶段就会止步。

——江恩《华尔街45年》

导　读

　　现在，我们来谈谈整体市场。整体市场是所有个股的集合体，它的涨跌用"大盘"来表示。整体市场和个股的关系，就像气候和植物的关系。冬天，植物萎靡不振，枝枯叶落。夏天，植物郁郁葱葱，根繁叶茂。市场也是如此。大盘强，个股普遍走强；大盘弱，个股普遍走弱。一般人刚学炒股，都是不管大盘，只看个股，后来吃了亏才知道，要先看懂大盘。主力机构全部都看大盘的方向。看懂大盘才能赚钱，赚钱的人都看大盘。

下面，我们进入正文。

整体市场分为牛市和熊市。牛市中，股票普遍上涨。熊市中，股票普遍疲软，乏善可陈。

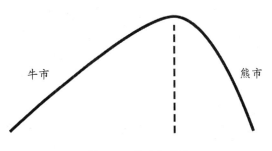

图2-1　牛市与熊市

江恩说："每轮牛市或熊市行情都是有规律可循的。牛市和熊市都不会直上直下走完一轮行情，一般会有四个阶段。不过，有时行情在第三阶段就会止步。"

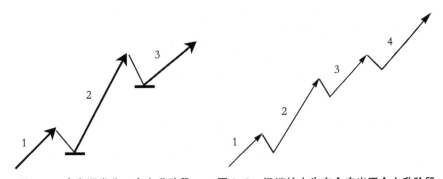

图2-2　牛市通常分三个上升阶段　　图2-3　极端的大牛市会走出四个上升阶段

牛市第一阶段

江恩说："牛市第一阶段，指数安静地上涨，很少引起大众关注。一般情况下，牛市第一阶段可能持续1个月、3个月、6个月或1年。"

　　牛市的第一阶段和第二阶段，交易者必须敢于持仓，用类似金字塔的方法逐步建立重仓，这样才能赚足利润。

牛 市 第 二 阶 段

　　"牛市第二阶段，指数上涨到新的高位，向上突破了牛市初期形成的最高点，然后回撤。市场变得活跃起来。你会听到经济开始繁荣的新闻报道，公众对股票市场产生了兴趣，并且小规模地买进股票。大多数人都在等待市场下跌，期盼价格重新跌到牛市初期。当然，这种下跌很少发生。"

牛 市 第 三 阶 段

　　江恩说："牛市末期，买卖活动热络，人气甚旺。由于许多公司宣布增加股利，加上短期致富效应明显，公众开始疯狂地买进股票。媒体充斥着一夜暴富的报道。许多精英人士抛头露面，争相谈论市场的繁荣。这样的情形持续数周和数月，价格虽然继续上涨，但是涨幅有限。

　　"人们投入了大量资金，期望价格暴涨，但是涨幅不及预期。于是大家变得气馁，甚至灰心丧气。有些人在贪念的驱使之下，开始不惜一切代价加码买进股票。大部分人都在憧憬发财，但是没有落袋为安。他们的大部分财富都是账面利润，并没有兑现。在这一阶段，卖出的仓位不足一成。他们把大部分的股票握在手里，期盼着更高价格。由于股票运行到高价区，很容易出现快速下跌，甚至趋势彻底反转。在牛市的最后阶段上车,毫无收益。"

　　市场中,也有"一鼓作气、再而衰、三而竭"的现象。牛市末期,经常会出现一轮快速的深跌,这是牛市转向熊市的常见警告信号。切记,在牛市的最后阶段上车,毫无收益。

牛市第四阶段

　　牛市可能形成第四阶段,这意味着牛市走出了延长走势。第四阶段的上涨对于观察牛市的终点最为重要。这段走势往往呈现抛物线的形状,显示了激动的情绪诱发人们在完全错误的时间里进入市场。

　　江恩说:"当指数第四次冲击新高时,就几乎可以肯定行情要走到头了。第四个阶段对于趋势最终的改变往往起着决定作用,所以要特别留意。指数在下跌的行情时也是如此:在第三和第四阶段,就要关注指数是否见底。"

　　熊市的运动特征与牛市正好相反。

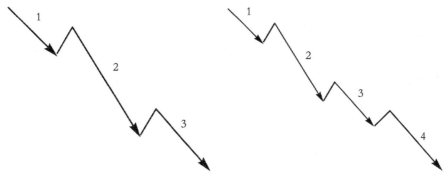

图2-4　熊市通常有三个下跌阶段　　图2-5　极端的大熊市会走出四个下跌阶段

熊市第一阶段

江恩说:"在熊市的第一阶段,市场悄然下跌。往往发生一轮陡直、剧烈的下跌,使得主要趋势转而向下;随后产生一轮次级反弹,但是,市场仍然供过于求,股票的派发仍在持续。大众已经无意进场,价格开始下跌,此时卖空更安全。"

熊市第二阶段

江恩说:"在第二阶段,指数出现了第二轮下跌,创出新低;随后产生一轮反弹,出现了公司业绩下滑的报道,大众更加保守,不再买进股票。市场缺乏支持,逐渐走低。"

熊市第三阶段

江恩说:"熊市的第三阶段,与牛市第三阶段完全相反。这是恐慌时期,大众情绪极端悲观,开始卖光手中的股票。全国各地充斥着生意极差的报道。上市公司分配的红利减少甚至消失。最乐观的交易者也忧心忡忡,认为市场将变得更糟。人们纷纷抛出手中的股票,每个人都是卖方,没有人是买方。"

熊市的第三阶段要进场吗?

江恩认为,先做观察,不要急于行动。他说:"在此阶段,需要观察并等待几个月,直到你看到股票派发完成、建仓开始。在股票拉升之前,你有充裕的时间买进股票。"

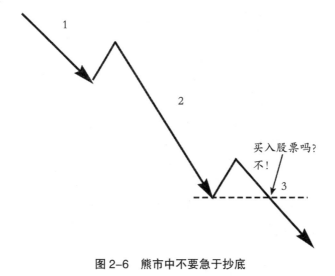

图 2-6　熊市中不要急于抄底

熊市第四阶段

黎明前最黑暗。在极度悲观的情绪影响下，市场甚至还会形成第四轮下跌。江恩说："此时，必须密切观察第四次下跌之后的底部。为了确认这是最后的底部，你需要动用所有的规则，寻找主要趋势改变的明确迹象。在熊市的最后阶段做空，毫无收益。"

在熊市来临时，交易者要退出市场，躲避来自熊市的打击。

江恩列举了 1919 年 11 月初美股熊市的例子："11 月初，泡沫破裂、衰退开始后，有些股票在两个星期之内就下跌了 50—60 个点。那一年整个上升过程中产生的所有利润在 10 天之内就全部化为泡影。跌势开始后想等待触底反弹时退出的人，根本就没有得到任何机会，因为大家都想退出，价格越低，被迫抛售的人就越多，市场就越低迷。"

市场为什么会出现第四阶段的极端行情？

这是因为大众的集体力量非同一般。人们需要归属感，在集体中随大流，是最安全最轻松的。大众随大流时，在仓促之下不假思索地行动，往往是超出预期后，才意识到已经走得太远。

学 与 练

江恩方法：大盘看涨时买进个股

看清了整体市场的形势之后，再考虑个股。所以，要先研究大盘的方向，再研究个股，并在大盘看涨时买进个股。

江恩方法：熊市空仓

大熊市中，股票第一轮暴跌并不是终点，价格会一路下行，连跌数轮，看错方向的固执交易者会赔光所有资金。熊市要空仓等待，或者进行先卖后买的空头交易。

江恩方法：牛市底部放长线

牛市中低位放长线，中位做波段，高位做短线。

江恩方法：警惕第三个和第四个市场波段

要经常查看市场是否出现第三个和第四个波段。在市场产生了第三个和第四个波段之后，人们就要特别谨慎，因为市场可能正准备下跌。

延伸阅读

　　江恩出生于美国得克萨斯州，那里有浩荡的墨西哥湾流。
　　所有的洋流中，墨西哥湾暖流的规模最大，堪称是洋流中的"巨人"。它发源于得克萨斯州所在的墨西哥湾，宽达100多千米，深700米，总流量每秒7,400万—9,300万立

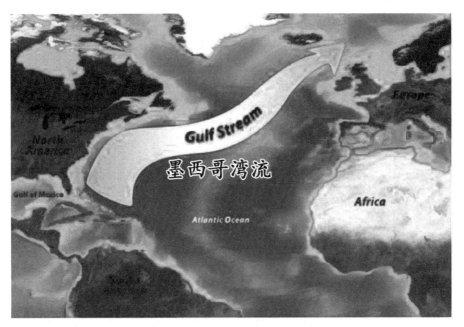

图 2-7 墨西哥湾流

方米,比世界第二大洋流北太平洋上的黑潮大将近 1 倍,比陆地上所有河流的总量超出 80 倍。流动速度最快时每小时达 9.5 千米。

发挥你的想象力。你慵懒地躺在墨西哥湾流之上的船里,不需要任何动作,墨西哥湾流就带着你从温暖的墨西哥湾,一路北上,到达寒冷的北冰洋。这就是湾流的魅力。你不需要做任何动作,湾流会带你到达目的地。你需要做的,只是懒散地躺在船上,顺势漂流罢了。

在证券市场,我们也会遇到这样涌动的"墨西哥湾流"。墨西哥湾流是海水组成的,而证券市场中的这种潮流,是由庞大的资金形成的。

牛市期间,人气变得炽热,人们争先恐后地拿出资金,买进股票,这种和湾流相似的"资金流"就会推动价格的上涨。这个时候，上升趋势形成。

熊市期间，人气萧瑟，人们争先恐后地卖出股票，换取现金，这种和湾流相似的"股票流"就会推动价格的下跌。这个时候，下跌趋势形成。

趋势就是市场前进的方向。

在证券市场中，趋势有着强大的力量，不是凭借一己之力就能扭转的。所以，只能顺应趋势的方向操作。这就像你无法扭转墨西哥湾流的方向，只能躺在船上顺势漂流一样。牛市和熊市，讲的都是趋势，同样要顺势而为。

第三章　江恩谈"趋势与工具"

威廉·戴尔伯特·江恩
William D.Gann
1878. 6. 6—1955. 6. 18

如果你与趋势保持一致，利润自会滚滚而来。

——江恩

导　读

江恩认为，只有在趋势市中顺势而为，才能有更高的胜算。

切记，交易不能使用蛮力。交易者不要试图主导市场或操控市场。利用江恩发明的图表工具，识别和跟随市场趋势，并且用止损单保护自己。出现几次错误，产生一些小的损失不是坏事，因为小损失是成功投机者的代价。

江恩是个聪明的发明者。他发明了三日转势图、九点图等数种图表，随着计算机技术的发展，江恩的这类顺势指标已经不需要手工绘制，打开电脑就能查看。这类计算机化的工具会让你与趋势保持一致，有助于你的交易。

江恩建议买进这样的股票：成交活跃，图形符合江恩的法则，价格形成明确趋势。

当趋势明确形成，你就要展开行动，抓住属于你的机遇。

下面，我们进入正文。

江恩指出:"上升趋势中,价格整体上移,底部和顶部逐步抬高。价格表现出上攻的倾向。这就是上升趋势。下降趋势中,价格整体下降,底部和顶部逐步降低,价格表现出下跌的倾向。这就是下降趋势。"

趋势具有惯性

在《市场真理与规则》一书中,江恩说:"股票一旦开始上涨或下跌,就不会因为顾及人们的利益而停下来。千万记住吉姆·吉恩的话,如果股票不跟着你走,你就必须跟着股票走,始终都要跟着潮流走,绝对不要逆潮流而动。"

顺势,就是与趋势保持一致,就像漂流者与浪潮的方向保持一致。注意,你无法改变浪潮的方向,但是可以顺应浪潮的方向。所以,优秀的漂流者会委身于浪潮,顺应浪潮的方向,轻松慵懒地漂流。

逆势,就是与趋势反向而行,就像漂流者与浪潮反向而行一样。注意,你无法改变浪潮的方向,与浪潮反向而行,意味着阻力重重,进一退三。漂流者如果与浪潮为敌,就会极其辛苦。

顺势交易的三种方法

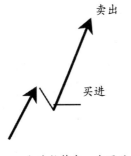

上升趋势中,先买后卖

下降趋势中,先卖后买

图 3-1 市场处于上升趋势时,先买后卖　图 3-2 市场处于下跌趋势时,先卖后买

市场横向盘整时，趋势消失不见，价格变得漂浮不定，很容易反复止损。不要进场，保持观望。

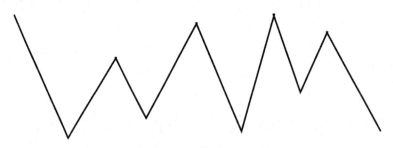

图 3-3　横向盘整时，保持观望

在盘整市，交易者经常遭遇反复止损。面对这个止损难题，江恩的解决之道是：只在趋势出现时进场。

顺势才能加仓

判断顺势与逆势，有一个快速方法——试验单。

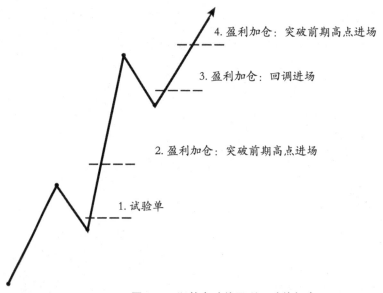

4. 盈利加仓：突破前期高点进场

3. 盈利加仓：回调进场

2. 盈利加仓：突破前期高点进场

1. 试验单

图 3-4　顺势者才能盈利，才能加仓

怎样证明你是顺势呢？只需要投入试验单进行检测就行了。当你买进一只股票后，价格朝着有利于你的方向前进，你赚钱了，这就证明你处于顺势状态。当你顺势时，可以继续持股和加仓。只有顺势者才能盈利，才有加仓的资格。

当你买入一只股票后，如果亏钱了，这个冰冷的事实就证明你逆势了。

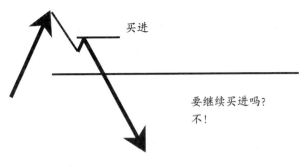

图 3-5 不要亏损加仓

逆势者无法盈利，更不能加仓。因为"亏损加仓"是江恩的禁令。亏损加仓只会加重你的心理负担，江恩明确地禁止亏损加仓。

让试验单告诉你答案。一笔盈利的交易，就能证明你处于顺势状态。一笔亏损的交易，就能证明你处于逆势状态。

顺势交易的天敌：固执

在《江恩股票市场教程》中，江恩提醒说："你不能让市场按照你的意愿前进。你需要低下头来，顺应着市场的方向。不要指望市场听你的，按你的意愿涨跌。你也不要固执地认为价格一定会涨到多高或跌到多低。对市场不切实际的幻想和毫无依据的期望，将会毁灭你的。"

"许多成功的商业人士习惯了向手下发号施令，并且让手下遵照执行。

这些成功人士进入市场时，特别是第一次交易，就希望市场服从他们的命令，按照他们的意愿运行。事实上，市场不会按照他们的意愿运行。"

"聪明的人会改主意，而傻瓜永远不会。聪明人在调查之后再做决定，傻瓜则随意妄为。对股票看法一成不变的人，不管他天生只会做多头还是做空头，永远也不会赚到钱。人的思路必须始终保持开阔，只要有充分的理由，就要随时改变主意并迅速行动。在华尔街，不会改变主意的人很快就会出局。不管交易是否有利可图，都要用止损单来加以保护。随时准备好在情况发生变化时改变主意。"

下跌时不要买进

江恩认为逆势操作会伤害交易者，"一旦股票开始朝着不利的方向发展，往往会持续很长时间。不成熟的交易者在接近顶部的价位，买入股票，并且臆测价格会继续向上涨，自认为很安全。然而，价格却没有按照他们的意愿继续上涨，而是出现了接二连三的下跌，把这些盲目自信的交易者洗劫一空。不要一看价格很低就买进，因为有可能继续下

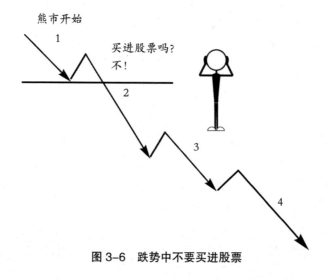

图3-6 跌势中不要买进股票

跌。不要逆势而动，也不要去猜测顶部或底部。一定要耐心观察行情变化，等待明朗的趋势出现，这样，你就能赚到很多钱"。

使用止损单

江恩说："任何人必须跟随市场的趋势，并且用止损单保护自己。出现小损失没什么害处，因为小损失是投机者成功的代价。对市场的敬畏是智慧的开始。对市场经常怀有一颗敬畏之心，那么在你犯错时就能及时采取行动从而避免失败。"

江恩说："趋势的变化，是由于股票的供求关系引起的。假如你使用止损单并且应用所有规则，然后在交易前等待明确的上涨或下跌趋势变化迹象，则可以冒很小的风险而获取巨大的利润。止损单在收盘价之下要安全得多，而且一般不会被触发，因为你是根据趋势交易的。"

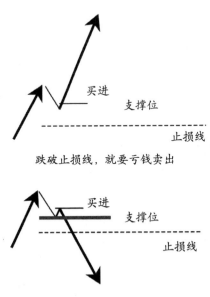

图 3-7　通过止损单限制风险

晋源解读

止损单分为市价止损单、限价止损单、跟踪止损单等类型。止损单用来控制风险，如果市场符合预期，交易出现利润时，可以将止损单移至你的成本价或者更好的位置，用来消除亏损的风险。当市场对你越来越有利时，继续移动止损单，来保护你逐渐扩大的利润。

等待趋势信号出现

江恩说："当一个股票到达低位或高位时，如果你想建仓，就应等到趋势已经向上或向下的信号出现。有时，你会因等待而错过底部或顶部，但观望可以使你保存资金，直至你有理由相信是顺势而为，而非逆水行舟。"

摆脱数钱的心魔

江恩说："你必须牢记一件重要事情，不要想着获得多大的利润，或造成多大的损失。你必须撇开钱的问题。你的目标必须与市场保持一致，顺应市场的趋势。"

晋源解读

必须使用闲钱，投资不会严重影响你的生活，既不要动用孩子的奶粉钱，也不要借钱投资。

江恩的趋势工具

江恩认为，正如医生依赖医学仪器进行复杂的治疗，交易者必须通过适当的图表工具，正确地预测和跟踪趋势。他发明了三日转向图等新工具，就像医生使用的听诊器、体温计一样。

三日转向图的目标是牢牢地跟踪趋势，拿住趋势行情中的大波段利润。在单边运行的大型趋势行情中，配合江恩的金字塔式资金管理方法，三日转向图让交易者获利颇丰。

晋源解读

　　江恩的三日转向图也适用于月线图、周线图及更小级别的 4 小时图等。

三日转向图：识别趋势方向

三日转向图是江恩最常使用的趋势跟踪工具。

江恩说："市场从低点开始上涨，当价格连续 3 天创出更高的底部和更高的顶部时，三日转向图向上移至第三天的最高价。当价格继续向上运行，就移动三日转向图至每天的最高价，直至'3 天以来创造了更低底部'的时候出现。然后，你要向下移动三日转向图至第三天的最低价，只要价格走低，就一直跟着价格，向下移动三日转向图。"

三日转向图是江恩波动图中的一种。另外，这类波动图还包括二日转向图、七日转向图、九点转向图等。

二日转向图对市场趋势反应更快，但是，产生的噪声信号更多。

九点转向图用来探测趋势的反转，并进行预警。当时的道琼斯指数经常在涨跌 9 个点之后就发生转向。

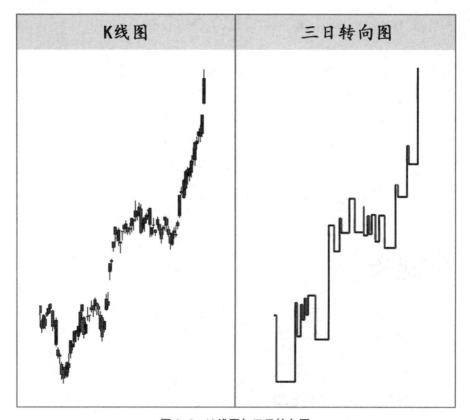

图 3-8　K 线图与三日转向图

　　江恩经常把三日转向图和九点转向图结合起来使用。他说："当价格突破九点转向图的前一个最低点，或者三日转向图的前一个最低点，就表明趋势正在改变，至少是暂时改变。"

　　江恩设计波动图，是跟随上升或下降的趋势，在趋势市场才有更好的效果。当市场进入没有趋势的盘整阶段，波动图并不起作用。不要把波动图应用于盘整市的交易中。

第四章 江恩谈"振动法则的 5 个要点"

威廉·戴尔伯特·江恩
William D.Gann
1878. 6. 6—1955. 6. 18

控制股票走势的力量是振动的。价格变动反映了振动的力量。

——江恩

导　读

　　江恩认为，振动法则支配着金融市场的运行。每一只股票都有自己的振动特点。例如不同的波动方向、不同的振动范围、不同的波动速度、不同的成交量。这是每只股票独一无二的振动频率。

　　除了股票，自然界也受制于振动法则。江恩说："我坚定地认为，无论自然界还是金融市场，都受到振动法则的约束。"

　　江恩发现，振动法则使得牛市或熊市走出三到四个波段。并且，市场走势呈现比例关系，既有价格的比例关系，又有时间的比例关系。

下面，我们进入正文。

江恩说:"我懂得一只个股和整个行业股票的特点,知道它们在各自波动频率中的表现,从而能够确定市场的趋势。"

"股票就像原子那样,是真正的能量中心,也会受数学法则的控制,有着自己的活动区域和能量。"

"能量产生吸引力,也产生排斥力,使得股票时而上涨,时而低迷。用科学方法进行投机,遵循自然法则是绝对必要的。"在江恩看来,价格就像原子的扩张和收缩一样,形成了大幅运行的趋势和窄幅运行的盘整市。

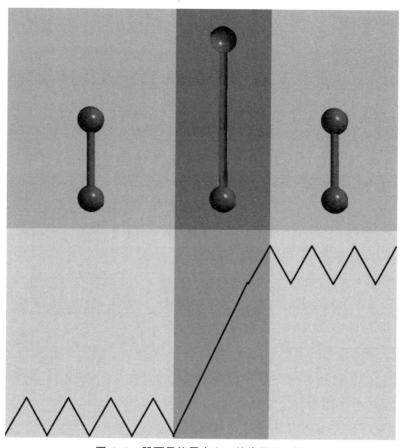

图 4-1 股票是能量中心,就像原子一样

振动法则有以下要点：

价格点位可以预测

江恩说："振动法则不仅定义了长期的循环或者波动，也定义了每日甚至每小时的波动。掌握了股票的精确波动特征之后，我可以确定，这只股票将会遇到支撑和遭遇最大阻力的点位，也就是说，能够算出一只股票将要上涨或者下跌的确切位置。"

晋源解读

江恩认为，市场变动存在秩序，可以预测。江恩设计了百分比、江恩圆、九方图等预测工具。

预测只需要简单的数学

江恩说："这些数字不是杂乱无章的，不是混乱无序的，不是偶然出现的，它们受到规律周期的控制，通常以波的形式变化。"

只需要简单的数字，就能分析市场支撑和阻力的水平。

$\frac{4}{8}$，也就是50%，是江恩常用的数字。以右图为例，价格从底点A点运行至顶点B点，上涨了8个价格单位。涨久必跌，价格随后从B

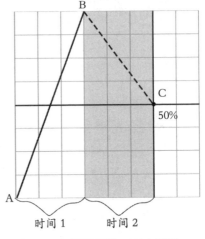

图4-2 江恩常用的50%回撤位

点下跌至 C 点，下跌了 4 个价格单位。此时，价格回撤了 50%，到达 C 点。这是一个常见的反转点。在 C 点，价格容易出现反弹。

转势时间可以预测

江恩说："振动法能够精准地确定价格的点位。在这个价格点位，股票和商品期货将在给定的时间范围内上涨和下跌。"

江恩提到的"给定的时间范围"，是大概率趋势反转的时间点。我们在"江恩谈'时间'"一章中详细讲解。

交易机会周而复始地出现

江恩说："科学告诉我们，任何形式的原始的脉动最终都会分解成周期性的波动，或者说韵律的运动。如同钟摆在摆动中再次返回原来位置，月亮返回自己的轨道；如同次年春天再度来临，玫瑰花再度开放。以时间周期的角度观察，随着原子重量的增加，元素的这些特征周而复始地再现。"

在江恩看来，交易机会周而复始地出现。所以，交易者可以是简单派，从江恩庞大又华丽的交易方法中，找到适合自己的两三种始终有效的战术，一旦找到，就重复使用。重复可以产生价值。

预测结果需要形态的确认

江恩坦言，他的预测并非百分之百准确。他说："依据我的方法，我能够确定每只股票的波动。通过把特定的时间数值纳入考量，在大多数情况下，在给定的条件下，我可以确切地说出价格将怎样变动。"

晋源解读

　　江恩明确提出，在大部分情况下可以预测价格变动。但是"大部分情况"意味着江恩并不能在"所有情况"下实现精准预测。从江恩的原著中我们可以发现，为了验证他的预测结果，江恩使用了形态确认的方法。只有形态真正出现了转势，才能证明他预测的反转结果是正确的。

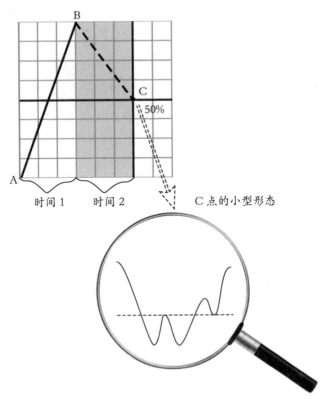

图 4-3　通过形态，确认趋势真正反转

学与练

　　交易者选择市场时，要看这个市场的波动范围是否在他的承受范围之内。如果没有足够的资金去承受这个市场的波动，最好寻找一个波动范围较低的市场。

　　另外，一只股票的波动，相对于低位而言，高位时波动范围更大。这是应用振动法则的一个常见技巧。

第五章　江恩谈"支撑与阻力"

威廉·戴尔伯特·江恩
William D.Gann
1878. 6. 6—1955. 6. 18

　　股票向上有效突破了阻力位，或者向下有效跌穿了支撑位，同时成交量放大，变得活跃，你再去交易也不迟。

——江恩

导　读

振动法则能够识别支撑与阻力。

支撑相当于弹力网，当价格遇到支撑时，往往有较多的资金涌入，推动价格向上弹升。但是支撑并不是百分百可靠的，支撑可以被卖方朝下击穿。

阻力相当于天花板，当价格遇到阻力位时，往往有较多的卖单涌出，推动价格向下回落。但是阻力并不是百分百可靠的，阻力可以被买方朝上击穿。

识别支撑与阻力的方法，就是研究已经发生的市场波段。江恩说："研究过去的市场历史，就能预测将来的市场。"无论支撑还是阻力，常常和以前的低点、高点、交易区间有关。而大众的心理变化影响着各自的操盘动作，导致支撑与阻力互相转化。利用支撑买进，利用阻力卖出。

下面，我们进入正文。

江恩运用最广的技术概念就是支撑和阻力。

在牛市中，支撑和阻力区域是逐渐抬高的。价格走高之后，自然会出现回撤，最高点随之形成。价格回撤后，这个最高点变成阻力位。随着价格再次走高，之前形成的低点就变成支撑。

支撑

支撑区域就是在某个价格位置或者时间阶段，卖出力量逐步减弱，价格跌不下去，从而形成支撑。随着买入力量逐步增强，价格将发生反弹。研究支撑，就是研究在什么价格位置或者时间阶段，卖出力量逐步减弱，买入力量如何扩大。一旦在支撑位置，价格该涨不涨，自然就酝酿着一轮下跌，从而跌破支撑位。

形成支撑的心理特征

市场在上涨过程中，交易者的心态因为屡屡获利而变得乐观，同时，见到他人的获利也较为稳定，于是，人们就不再小赚就出，而是提高了盈利的预期。一些暂时亏损的交易者也不再解套后立即卖出，而是在乐观的市场气氛中，期望利润扩大时再卖出股票。所有的人都欢欣鼓舞，抛出股票的意愿较低，买进股票的意愿较高，于是，在市场的上涨过程中，支撑的意义比较强，阻力的意义比较弱。

支撑的案例

某只股票从 30 元，上涨到 50 元。有一些在 30 元买入的交易者将在 50 元卖出股票获利，从而造成了价格的暂时疲软，价格暂时回撤到 40 元。

此时，市场的主基调是牛市，正处于上升趋势之中，踊跃的买家积极地等待该股在 50 元回撤。一些激进的买家愿意尽早入市，他们在

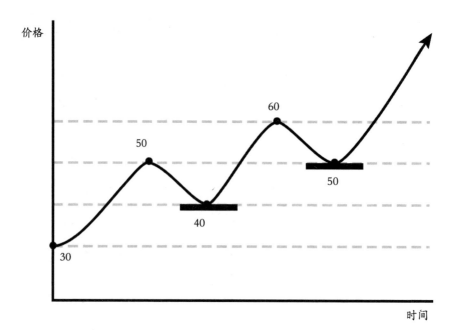

图 5-1　支撑位逐渐抬高

40 元区域就开始买进这只股票。这样，在买方资金的托举之下，40 元区域成为支撑区域。这是买家乐意买入股票的区域。

随着买方资金的涌入，价格从 40 元开始上涨，并且向上突破了前期的 50 元高点。价格上涨到大约 60 元附近，一些获利的交易者又想卖出股票，从而引发了新一轮的价格下跌。此时，该股容易在前期的高点，也就是 50 元附近获得支撑。江恩观察到，前期高点被向上突破之后，容易成为支撑位。

大型支撑位与小型支撑位

支撑位是投资者愿意进场买入股票，从而使价格得到支撑的区域。这可能是一个振幅较宽、时间较长的支撑区域。在该区域中，市场在相当长的时期都获得了支撑，产生了上涨行情。另外，也有短期的支撑区域，该区域中的交易仅在有限的时间内发生，并且振幅较窄。

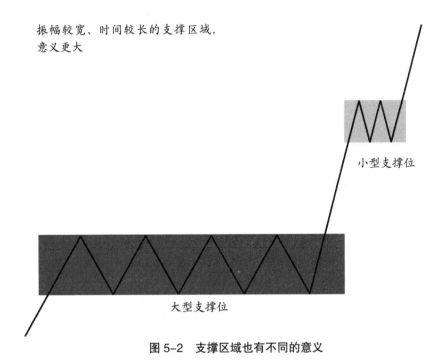

振幅较宽、时间较长的支撑区域,
意义更大

小型支撑位

大型支撑位

图 5-2 支撑区域也有不同的意义

振幅较宽、时间较长的支撑区域是大型支撑位。振幅较窄、时间较短的支撑区域是小型支撑位。

江恩方法:在支撑位买进

上升趋势,是由不断提升的支撑位来确认的。只要支撑位一直上涨,上升趋势就保持完好。每一次上涨、回撤和新的上涨,形成了一系列的锯齿状形态——低凹形的走势,它代表了市场中的潜在支撑区域。**在上升趋势期间,理想的买进区域常常处于这些低凹地段。**

支撑位是买方和卖方争夺的焦点区域。如果卖方力量强大,价格能够向下击穿前期的支撑区域,这将被视为早期趋势反转向下的信号,意义重大。

阻力

阻力区域就是在某个位置或者时间阶段，买进力量逐步减弱，价格涨不上去，那么此时将形成阻力。随着卖出力量逐步增强，价格将发生下跌。研究阻力，就是研究在什么价格位置或者时间，买进力量逐步减弱，卖出力量如何扩大。

阻力区域能阻止价格的进一步上涨。在下跌市或者盘整市中，阻力区域往往形成于前期价格出现滞涨的区域。

在阻力位置，一定要观察阻力位置的价格变化。不要一见到阻力位置，就以为价格要下跌。价格的涨跌取决于买卖双方的消长变化，一旦在阻力位置该跌不跌，自然就会酝酿一轮上涨，从而突破阻力位。

形成阻力的心理特征

阻力区域是由于供求关系而产生的，而供求关系源自买卖双方的心理，当买方的成本区域被跌破后，一部分买方失去信心，加入卖方阵营，导致卖方势力大增。这个成本区域就成为没有出逃的买方套牢位，当价格拉升至该区域附近时，就会有大量的卖盘涌出，使得这个区域成为阻力位。交易者的心理波动决定了他们的买卖欲望，而买卖欲望往往决定了支撑与阻力的强弱。在使用支撑与阻力进行交易时，要了解买卖双方的心理波动。

阻力的案例

假设市场上涨接近尾声，一只股票从 50 元跌至 30 元。此时，很多交易者为没能在 50 元卖出而悔恨，他们会持股等待，希望反弹时清空仓位。如果价格重新上涨至 50 元区域，大多数人会推测前期的高点 50 元可能是最后一个高点，所以宁愿赔点小钱或者持平，急于卖出自己手中的仓位，这很可能引发股票价格下跌。

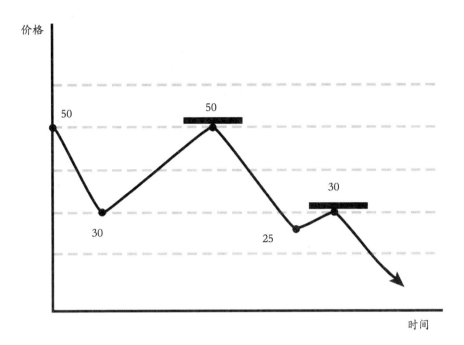

图 5-3 阻力位逐渐下降

在价格下跌至 30 元时，由于 30 元的价格位置形成了反弹，许多交易者希望在该位置买进，盼望价格重新冲击 50 元。这样，30—50 元可能形成买卖双方互相进攻的区间。30 元区域将代表支撑，而 50 元区域被视为阻力。

如果买方力量不足，价格最终向下击穿 30 元，并跌至 25 元。30 元将成为新的阻力区域。因为许多在 30 元买进的交易者盼望价格回升，到达他们买进的价格 30 元，自己可以不赚不赔出手。这些交易者的卖单在价格反弹至 30 元时会涌出。另外，一些在 50 元买进的交易者也会忍痛亏本卖出，因为他们预期价格还要继续下跌。

在熊市中，价格下跌的风险非常高。只要这种下跌趋势还在持续，就应该尽量避免建立看涨的仓位，并且建立做空的仓位，甚至使用江恩特色的金字塔式建仓法，一路追加做空的仓位。

大型阻力位与小型阻力位

阻力位是投资者愿意卖出股票，从而使价格遭遇阻力的区域。这可能是一个振幅较宽、时间较长的阻力区域。在该阻力区域，市场在相当长的一段时期内遭遇重大的下挫行情。也会出现短期的阻力区域，该区域中的交易仅在有限的时间内发生。振幅较宽、时间较长的阻力区域是大型阻力位。

当价格在一个区域波动越久，买进的交易者就越多。价格跌破这一区域时，买进的交易者全部被套，随着时间的推移，亏损造成的心理折磨、家人的抱怨担忧会形成阻力，不再期盼价格大涨，而是变得忧虑不安，甚至惊慌失措。一旦价格重新涨回到这一价格区域附近，已买进的交易者必然急不可待地卖出股票，以求减少损失，于是就会形成强大的卖压，使价格不易突破这一价格区域。人数越多，卖出力量越强，大型阻力因此形成。

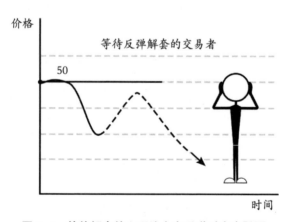

图5-4 等待解套的心理让人在反弹时卖出股票

江恩方法：在阻力区卖出

下跌趋势的特征是，一系列持续降低的高点区域和低点区域，其中高点为阻力区域。只要高点和低点持续下降，熊市仍在持续。

阻力是买方和卖方争夺的焦点区域。如果买方力量强大,价格能够向上击穿前期的阻力区域,这将被视为早期趋势反转向上的信号,意义重大。

支撑与阻力的转变

当价格在一个价格区域内上下波动,这个形态的上档高点就会成为阻力位,而下档的最低价位处就成为一条支撑线。当价格连续两次没有向上突破时,短线投资者就会认为这一价位不易突破,因而以此作为参考卖出股票,并在低档价位处买进股票,进行高抛低吸,以求利润的最大化。随着这种现象被发现,就会有越来越多的人加入,支撑与阻力的意义就会越强,这就是价格区间产生的原因。

然而,价格区间总有被突破的时候。当支撑区域被向下击穿时,前一个支撑区域常常变成新的阻力区域。而当阻力区域被向上突破后,原先的阻力区域常常变成新的支撑区域。

原因是什么呢?大众心态的变化影响了他们的操盘动作,导致支撑与阻力相互转化。

下面是阻力转换为支撑的例子。

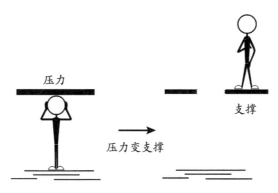

图5-5 阻力位被向上突破之后,变成支撑位

股票价格到了阻力位，供求关系发生变化，原因是买方和卖方的心理改变了。当一个价格被有效向上突破后，一部分卖方失去信心，不再继续卖出股票，甚至直接从卖方转为买方，导致多空平衡被打破，买方势力增大，卖方势力变弱。这个价格就会成为没走掉的空方的套牢盘，当价格再次下跌到这个价格附近，就会有大量空单平仓，并且还会出现新的买单，从而形成支撑。

牛市和熊市的循环就是，市场经历了从支撑区域占绝对优势，到阻力区域占主导地位的转变，再经过一个过渡期，最后又重新回归到支撑区域占优势。

江恩的支撑与阻力

江恩对于支撑和阻力，有着自己独特的判断工具。他说："在水平方向和对角线方向，存在着支撑和阻力。"

水平的支撑和阻力

通过江恩百分比、顶部和底部等工具，可以显示水平方向的支撑和阻力。它们在图表上向右边无限延伸，因此称之为水平的支撑和阻

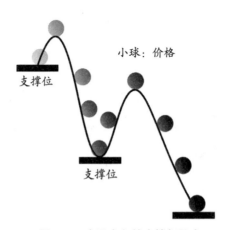

小球：价格

支撑位

支撑位

图5-6　水平方向的支撑与阻力

力，只要它们未被突破，水平的支撑和阻力将无限向右延伸。

对角线的支撑和阻力

江恩角度线确定了对角线方向的支撑和阻力，详情请阅读本书第十章。

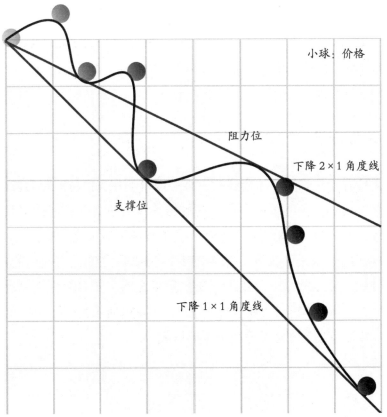

注：下降 2×1 角度线，指时间运行了 2 个单位，价格下跌了 1 个单位；
  下降 1×1 角度线，指时间运行了 1 个单位，价格下跌了 1 个单位。

图 5-7　对角线方向的支撑与阻力

测试与穿透量

很多时候，当价格跌破支撑后，看起来支撑位似乎被向下突破了，但价格并未真正发生反转，经过一两天的下跌之后，又再度上升，重新回到支撑位的上方。这说明市场仅仅在测试价格。K线图的影线部分，往往反映了市场"测试"价格的细节。

一般说来，观察市场的价格变化历史，会发现一个偏离值，只要价格向下的回落量不超过这个偏离值，通常都会再度返回原来的支撑位。研究过去的价格运动，并进行详细记录，确定穿透支撑位的"平均"运动，这个数值叫作穿透量。当价格向下穿透支撑位的幅度超过了穿透量，表明趋势可能发生变化。这有助于设置止损点。

交易方法

交易者经常犯这样的错误：直接将报单下在支撑位或阻力位水平，并等待市场朝着预测方向前进。这种做法有时也奏效，但前提是价格能够持稳于支撑位或阻力位，并且不会上穿或下破上述价格位置。

成熟的做法是，找到一些确定支撑位或阻力位将会持稳的信息。这个时候，形态就派上用场了。我们进场之前，先等待价格出现一轮小型反弹，形成向上反转的形态，而不是简单地预测一个未来的支撑位，就匆忙买进，完全不等待形态的形成。

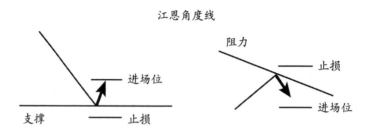

图5-8 价格持稳之后再进场

这样做，当价格急速下跌，迅速跌破支撑位且毫无反弹时，看涨的交易者就危险了。经验告诉我们："空手去抓快速下落的刀子，必定血流不止。"生活中的物理常识和江恩的交易方法有相通之处。

江恩会研究前期市场走势，识别支撑与阻力。另外，他也关注当前市场走势，识别新的支撑与阻力。

在上升趋势中，如果出现新的一轮调整，向下跌破前一个低点，这或许就是该上升趋势即将终结，或者至少是市场蜕化成横盘市的先期警讯。如果这个支撑位被向下击破，可能就意味着趋势即将由上升反转为下降。

晋源解读

在上升趋势中，要关注最新形成的低点。它类似于军事战争中的警戒哨。当价格向下，击破这个低点时，就是向看涨的交易者发出提醒：打起精神来，敌人进攻了！

第六章 江恩谈"百分比"

威廉·戴尔伯特·江恩
William D.Gann
1878. 6. 6—1955. 6. 18

　　沿着猎物的足迹往回找，就能找到猎物的巢穴。预测未来，最快的方法就是研究过去。

——江恩

导 读

江恩曾经写道:"万物都有精确的比例和完美的关系。"江恩和儿子约翰共同发明了测量比例的工具——江恩百分比,用来预测支撑与阻力。

使用江恩百分比,只需要测量过去的市场波动,就能确定未来的支撑与阻力位置,甚至还能预测转势时间。

江恩百分比,服务于一个目的,那就是抓到趋势中的调整点。以上升趋势为例,价格运行到某一特定的时间点时,出现一个阶段性的价格低点,而这个价格低点用江恩百分比就能测算出来。这个上升趋势中的调整低点就是江恩认为的极佳买点。江恩认为在顺势前提下,利用市场时空节点上的调整,逢低买入,逢高卖出,这才是江恩经典的进场方法。

江恩百分比是一种预测方法,只要是预测,就肯定有失误的时候。为了验证预测是否准确,江恩特别重视形态,只有上升或下降形态确认之后,才进场交易。

下面,我们进入正文。

江恩和儿子约翰将江恩百分比划分为四类：区间百分比、低点百分比、高点百分比、时间百分比。

区间百分比

江恩说："标出上一次行情中重要的高点和低点，将高点和低点之间的区间，按 $\frac{1}{8}$、$\frac{2}{8}$、$\frac{1}{3}$、$\frac{3}{8}$、$\frac{4}{8}$、$\frac{5}{8}$、$\frac{2}{3}$、$\frac{6}{8}$、$\frac{7}{8}$、$\frac{8}{8}$ 的比率，生成区间百分比线。"这些线表示重要的支撑和阻力位置。市场只要继续维持在价格区间内，这些水平方向的价位就会继续提供支撑与阻力。

你需要准备一张空白的纸和一支铅笔，在纸上画出 8×8 的方格。横轴代表时间，纵轴代表价格。

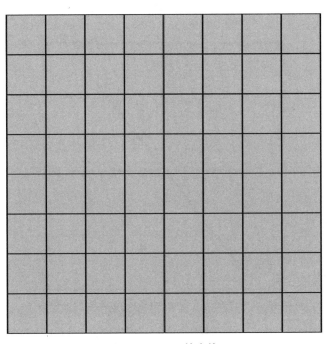

图6-1　8×8的方格

为什么使用8×8的方格？因为江恩百分比与数字"8"之间息息相关，特别是在 $\frac{4}{8}$ 位置，价格经常会遇到反作用力。

画出方格之后，首先，在方格左下方选取起点 A，右上方选取终点 B。这代表价格从 A 点上涨至 B 点，走出了一波上升波段。

请观察 AB 波段。你认为未来重要的位置在哪里呢？

你可能回答："我不知道！"

江恩会提示你说："你先注意中线，也就是 $\frac{4}{8}$ 的位置！"

当价格从顶点 B 下落，回到中线位置时，价格在这里休整的概率较大。

中线将 AB 波段平均分为两个相等的部分，以分数表示，称为 $\frac{4}{8}$ 点，以百分比表示，称为 50%。

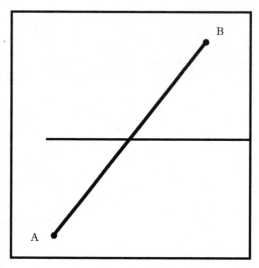

图 6-2　中线将 AB 波段平均分为两个相等的部分

举例来说，一只股票的价格从 10 元涨到 30 元。随后价格下跌。下跌至 10—30 元区间的 50% 位置，也就是 20 元处，往往会遇到支撑。

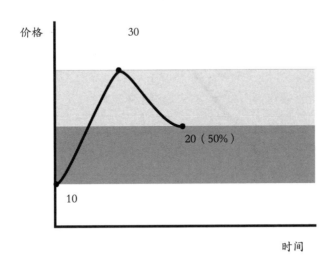

图 6-3　下跌至 10—30 元区间的 50% 位置，即 20 元处，往往会遇到支撑

事实上，江恩认为，最有利可图的交易方法，就是利用区间的 50% 位置。

顺着主要趋势交易

运用区间百分比的方法时，要顺着趋势的方向，确定回撤的百分比点位。

上升趋势中，回撤时买进。下降趋势中，反弹时做空。

在上升趋势中，价格回撤至区间的 50% 位置时，就需要查看价格获得支撑的证据——反转向上的小型形态，进而找到买点。50% 位置是重新进入现有趋势的最佳地点。同时，你可以在 50% 位置之下，设置止损单，应对预测失败之后的风险。江恩写道："在上升趋势中，价格回落至这个位置之后再度上涨，将超过之前的高点，这给你一个自动的最低利润目标。"这一观察可能是"逢低买入"词语的由来。

务必要看清趋势。趋势是江恩百分比的加持力量。在盘整市中，区间百分比的效力不及趋势市。

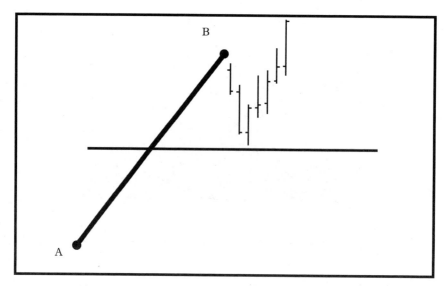

图 6-4　价格回撤至 50% 位置得到支撑

由于价格区间已经形成，就能自然地计算出各个百分比点位。只需要研究这些价格区间，画出各个百分比点位，就能知道未来的支撑和阻力。正如江恩所说："为了确定未来的市场运动，最快的方法就是研究过去。"

从熊市转向牛市时，买方向上推进时，遭遇的阻力往往来自这些区间百分比的点位，如 $\frac{4}{8}$ 位置。买方需要向上攻破这些阻力点位之后，才能继续上涨。

从牛市转向熊市时，卖方向下推进时，遭遇的反抗往往来自这些区间百分比的点位，如 $\frac{4}{8}$ 位置。卖方需要向下攻破这些支撑点位之后，才能继续下跌。

级别越大空间越大

某些大级别的行情中，我们仅仅采用江恩的区间百分比就能做得很好，因为区间百分比之间的空间足够大。上升趋势中，价格抵达某个区间百分比后，建立了底部形态，就可以断定支撑有效，可以尝试性地轻仓买入，然后随着价格上涨，顺势加仓。为了识别大级别的行情，我们需要使用月线图和周线图。

50% 位置被攻破怎么办

在上升趋势中，市场向下回撤时，能够稳定在 50% 位置之上，则属于强劲的走势。如果市场回撤跌破 50% 位置，则属于疲软的走势。

毕竟，这个 50% 位置是关键区域，一旦失守，后面就无险可守。之后，价格通常继续下跌，跌向 $\frac{5}{8}$ 位置，甚至造成趋势彻底反转。

晋源解读

　　跌破 50% 位置之后，下一个防守位是 $\frac{5}{8}$。$\frac{3}{8}$ 位置至 $\frac{5}{8}$ 位置是价格来回拉锯的常见区域。这片区域中的 $\frac{4}{8}$ 位置用来识别双方力量的强弱。

江恩在《华尔街 45 年》中说道："下降趋势中，价格跌破了最高价和最低价之间的 50% 位置，就非常重要了。如果它没有在这个价位获得支撑并站稳，那么就处于很弱的位置，而且预示着继续下跌。"

江恩还讲到了一种百分比方法，即极限价位的百分比。极限价位在这里指的是波段的低点和高点。只要知道了低点或高点的价格，就能预测出未来的支撑和阻力位置。这种方法经常被交易者忽略，证券软件中也少有提及。现在，我们来学习这种方法。

低点百分比

价格的低点与未来的阻力位有关。江恩的百分比能够提前探测到这些阻力位。注意，将价格低点分别乘以 $\frac{1}{8}$、$\frac{2}{8}$、$\frac{3}{8}$……得到相应的数值，然后使用价格低点，再加上这些数值，就能得到阻力位。

例如，一只股票的低点是 16 元。16 元的 $\frac{1}{8}$ 是 2 元。从 16 元这个低点出发，价格每向上涨 2 元，往往会遇到阻力。我们需要观察是否有小型阻力形态出现。请见下表。

阻力区	未来的阻力价位	价格低点的江恩百分比
$\frac{8}{8}$ 阻力区	32	$16+(16 \times \frac{8}{8})$
$\frac{7}{8}$ 阻力区	30	$16+(16 \times \frac{7}{8})$
$\frac{6}{8}$ 阻力区	28	$16+(16 \times \frac{6}{8})$
$\frac{5}{8}$ 阻力区	26	$16+(16 \times \frac{5}{8})$
$\frac{4}{8}$ 阻力区	24	$16+(16 \times \frac{4}{8})$
$\frac{3}{8}$ 阻力区	22	$16+(16 \times \frac{3}{8})$
$\frac{2}{8}$ 阻力区	20	$16+(16 \times \frac{2}{8})$
$\frac{1}{8}$ 阻力区	18	$16+(16 \times \frac{1}{8})$
价格的低点	16	16

表6-1　使用价格低点预测未来

你可以将上述阻力位标示在图表上，然后观察价格在这些阻力位的表现。另外，价格低点的整数倍，也代表重要的阻力。

举例来说，一只股票的底部价格是 10 元。等到价格到达 20 元、30 元、40 元……这些底部价格的整数倍时，人们可能开始抛售，价格容易遭遇阻力。你需要观察这些百分比位置是否形成顶部形态。

江恩在《华尔街 45 年》中举例如下：

1896 年 8 月 8 日，12 种工业股平均指数的最低点是 28.50 点。

这个低点上涨 50% = 极限低点 28.50×(1+50%)=42.75。

这个低点上涨 100% = 极限低点 28.50×(1+100%)=57.00。

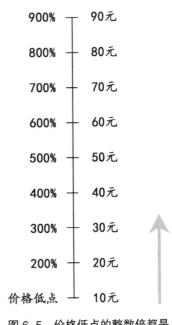

同理，这个低点上涨 200%=85.50；

这个低点上涨 300%=114.00；

这个低点上涨 400%=142.50；

这个低点上涨 500%=171.00；

这个低点上涨 600%=199.50；

这个低点上涨 700%=228.00；

这个低点上涨 800%=256.50；

这个低点上涨 900%=285.00；

这个低点上涨 1000%=313.50；

这个低点上涨 1100%=342.00；

这个低点上涨 1200%=370.50。

上述这些点位构成阻力点。

图 6-5　价格低点的整数倍都是阻力位

高点百分比

高点与未来的底部有关。高点百分比会提示未来的最低价，让你找到支撑位。其计算原理与低点百分比相同。

计算出的数值应该标示在图表上，然后你再观察价格在这些位置上的表现。

举例来说，一只股票的顶部价格是80元。40元是顶部价格的50%位置。此位置容易出现买盘，从而让价格得到支撑。你需要观察此处能否形成底部形态。

在《华尔街45年》中，江恩举例如下：

高点386.10点发生于1929年9月3日。

这个高点下跌50%=193.05；
这个高点下跌75%=96.52；
这个高点下跌87.5%=48.32。
上述这些点位构成支撑点。

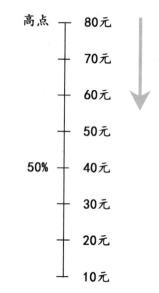

图6-6 价格高点的50%位置，是潜在的支撑位

时间的百分比

价格从底部涨到顶部，或者从顶部跌到底部，都需要消耗时间。

使用一个完整波段消耗的时间长度，就能预测未来的时间点。在这些时间点，趋势可能发生反转。

当价格从底点A上涨至顶点B，运行了4个时间单位之后，在江恩的百分比点位，如50%位置，容易遇到反作用力。图6-7中的C点，就是50%位置的时间点。

价格从B点下跌到C点，运行了2个时间单位，正是AB波段时间长度的50%。这个位置容易出现反转。

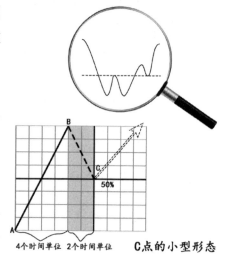

C点的小型形态

图6-7 时间百分比50%的位置，容易出现反转

此时需要观察小型形态，是否出现反转向上的迹象。

历史案例

2020 年 3 月 16 日，劲胜智能（300083）的股价从 6.76 元的高点 A 下跌了 12 天，在 4 月 1 日到达底点 B。AB 波段的时间长度为 12 天。我们预测 12 天的倍数，例如 12 天、24 天、36 天……价格容易反转。结果经过 36 天，价格在 5 月 11 日到达顶点 C，然后开始下跌。36 天是 12 天的 3 倍。

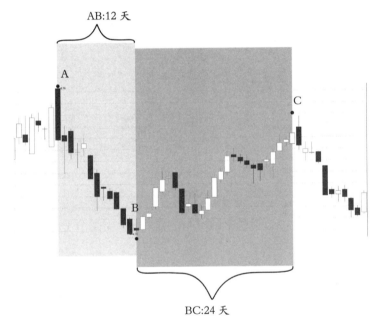

图 6-8　劲胜智能日线图（2020.3.16—2020.5.11）

时间百分比适用于中国证券市场。我们来看 1994 年的上证指数周线图，从 325 点（A 点）上涨至 1,052 点（B 点），共上涨了 7 周。AB 段的时间长度为 7 周，我们预期这个时间长度的整数倍，例如 14 周、21 周会出现转势。事实是，上证指数从顶点 B 下落，经过 21 周的下跌，跌至 533 点的底点 C，开始反转向上。AB 与 BC 的时间比例为 1:3。所以，通过江恩的时间百分比，从当前已经发生的时间长度，就可以预

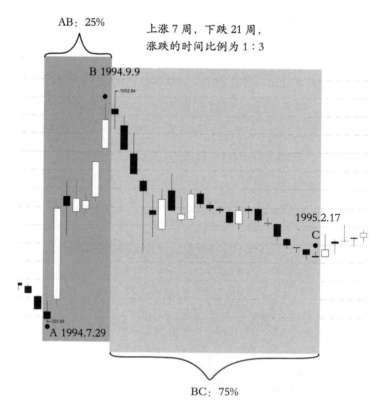

图6-9 上证指数周线图（1994.7.29—1995.2.17）

测未来转势时间。

　　1994 年 7 月 29 日至 1995 年 2 月 17 日，上证指数在此期间共运行了 28 个交易周，上涨时间占到了 25%，下跌时间占到了 75%，呈现出优美的比例关系。

学与练

　　下图中，价格从底点 A 上升至顶点 B，持续时间为 4 天。我们可以预测随后的市场行为，4 天的 50% 等于 2 天，100% 等于 4 天，200% 等于 8 天，300% 等于 12 天。这些时段都容易出现重大的价格反转，需要密切观察小型形态是否有反转迹象。

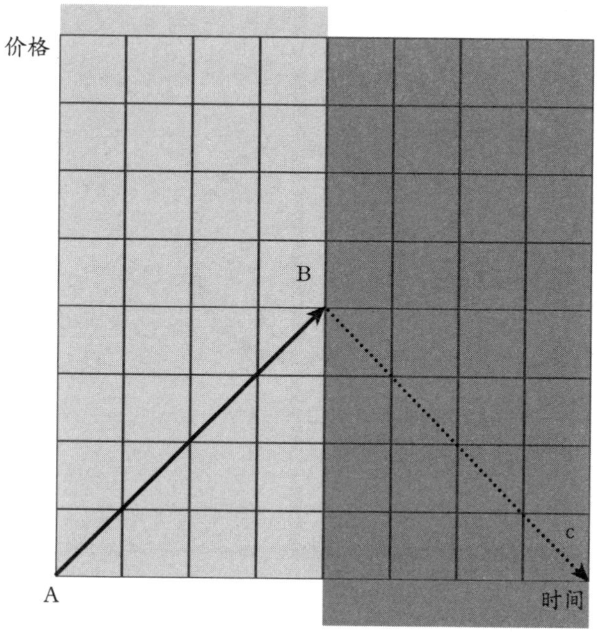

图 6-10　在敏感的变盘点，观察是否形成了小型反转形态

控制对方半场的巴西队

1994 年，巴西队拿到了世界杯冠军。瑞典队的实力与巴西队存在明显差距。在半决赛中，瑞典被巴西队牢牢压制，很难进入对方的半场，自己的半场反而风声鹤唳。这种场面与交易相似，因为交易也是买方与卖方的竞争。上升趋势中，买方力量强大，回撤到达 50% 位置时，往往再度发起有力的进攻。这一点，就像巴西队牢牢控制着球场的中线，把对手压迫在对方半场内，使之穷于防守一样。球场的中线，相当于江恩区间百分比的 50% 位置。

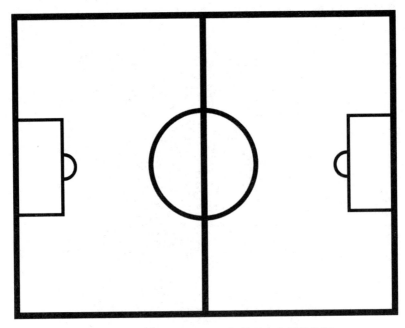

图 6-11　足球和交易相似，都是两方力量的比拼

百分比的汇聚

　　江恩发现了百分比的汇聚现象。如果来自多个顶部和底点的百分比线，在某一位置出现了密集的分布，此时就要引起重视。江恩把这种密集的分布称为汇聚，它意味着趋势反转的概率增强。

第七章　江恩圆

威廉·戴尔伯特·江恩
William D.Gann
1878. 6. 6—1955. 6. 18

　　江恩圆由三个图形组成：圆、正方和三角形。利用圆的 360° 循环，以及四方形和三角形位置，可以决定市场转势的时间、价位。

——江恩

导　读

江恩圆的分析方法与天文学相关。地球围绕着太阳循环运行，太阳系围绕着银河系做循环运行。宇宙中的星体、星系、星团等大都沿着相对固定的圆形或接近圆形的轨道运行，大部分星体本身也是圆形。

江恩研究了这种圆形循环的现象，创建了独特的江恩圆。

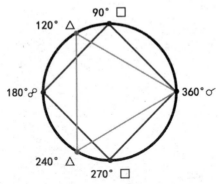

图 7-1　标准的江恩圆，角度右侧的符号代表着星体的位置关系

江恩圆是包含着正方形和三角形的圆形。这一图形代表着 360° 的循环被分割成四等份（关键点位在 90°、180°、270° 和 360° 的点上）和三等份（关键点位在 120°、240° 和 360° 的点上）。

四方形、三角形与圆形相交的点，也称为分割点。

循环既能用于价格分析，也适用于时间分析。

下面，我们进入正文。

我们将对江恩圆的三个部分逐一解读。金融市场是由人参与的群体性活动。因此，市场中充满了人们的喜怒哀乐。情绪亢奋时，大众对股票价值高估；情绪低沉时，大众对股票价值低估。起于贪婪，终于恐惧。周而复始的情绪波动形成了一次圆形的循环运动，终点回到起点。终即是始，始即是终。而江恩认为，在一个圆形循环中，那些时间和空间的转折点，更多地出现在四方形和三角形的分割点上。

圆

圆代表一个完整的循环。

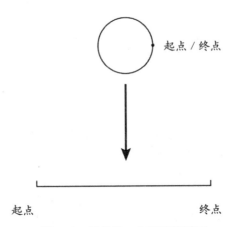

图 7-2　圆代表一个完整的循环

它既能分析时间，又能分析价格。

时间的圆

我们先看圆的时间分析方法。

价格从底点 A 上涨到顶点 B，形成一个上升波段，共花费了 24 个

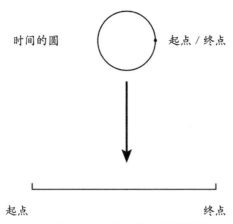

图 7-3　一个完整的时间循环

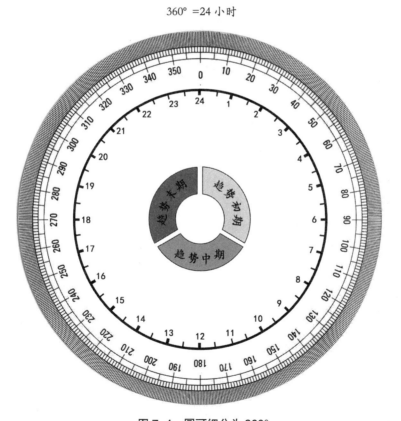

图 7-4　圆可细分为 360°

小时。这 24 小时就代表着一个完整的时间循环。这个时间循环用 360° 的圆形来表示。

在这个例子中，24 小时完成了一个上升波段，相当于走完了一个 360° 的圆形。24 小时除以 360°，也就是每 1° 代表了 4 分钟。

价格的圆

我们再看圆的价格分析方法。

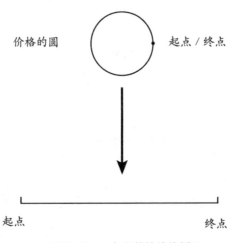

图 7-5　一个完整的价格循环

价格从底点 A 上涨到顶点 B，共上涨了 360 元。这 360 元就代表着一个完整的价格循环。这个价格循环用 360° 的圆形来表示。360 元除以 360°，也就是每 1° 代表了 1 元。

四方形

江恩说："市场的驱动力量也处在振动状态。市场中所有的大幅振荡都具有循环的性质。"

四方形的位置，就是特殊的"共振时点"。它代表着核心四个点的共振，即 90°，180°，270° 和 360° 这四个位置。我们常常在这四个位置，看到非常强的周期运动。

四方形既能分析时间，又能分析价格。

时间的四方形

在时间方面，若该市场受制于四方形的话，四方形的影响力会在圆的 90°、180°、270° 及 360° 产生，价格的显著变化经常出现在这四个时间循环点上。

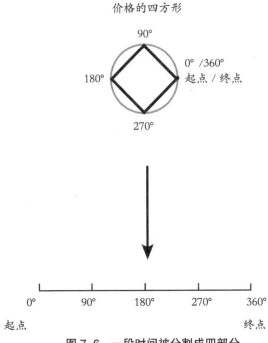

图 7-6　一段时间被分割成四部分

在四方形的时间分析方法中，最有名的就是两分两至法。江恩首先将圆设置为一个完整的日历年。

春分日（3 月 21 日前后）为起点，设为 0°，夏至日（6 月 22 日前后）位于 90°，秋分日（9 月 23 日前后）位于 180°，冬至日（12 月 22 日前后）位于 270°。

这四个时间点构成了四方形，经常对应着市场的顶部或底部。

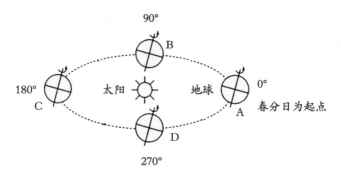

图 7-7　春分、秋分、夏至、冬至

这四个时间点，对预测行情的变盘也是非常有帮助的。当太阳在 3 月 21 日、6 月 22 日、9 月 23 日和 12 月 22 日前后穿越赤道的时候，要看市场此时是否会发生趋势的改变，你需要仔细地观察形态。

价格的四方形

在价格方面，若该市场受制于四方形的话，四方形的影响力会在圆的 90°、180°、270° 及 360° 时，将遇到支撑或阻力。

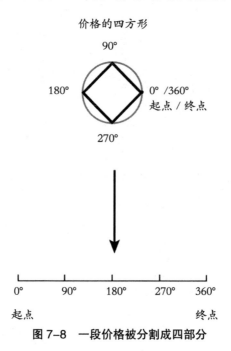

图 7-8　一段价格被分割成四部分

三角形

三角形既能分析时间，又能分析价格。

时间的三角形

在时间方面，若该市场受制于三角形，则其影响会在圆形的 $\frac{1}{3}$、$\frac{2}{3}$ 和 $\frac{3}{3}$ 产生，相当于时间运行至 120°、240° 和 360° 时，将遇到支撑或阻力。

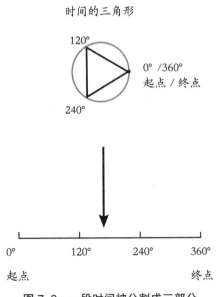

图 7-9　一段时间被分割成三部分

价格的三角形

通过三角形，对价格周期进行分割。

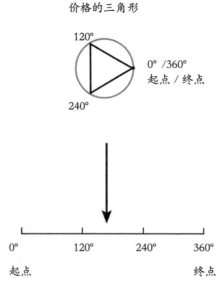

图 7-10　一段价格被分割成三部分

在价格方面，若该市场受制于三角形，则其影响会在圆形的 $\frac{1}{3}$、$\frac{2}{3}$ 和 $\frac{3}{3}$ 产生，相当于价格会在 120°、240° 和 360° 时，将遇到支撑或阻力。

范例：对 10 年周期进行分割

江恩说："利用圆形中的四方形及三角形位置，可以决定市场的时间和价位。"江恩发现，市场经常每隔 10 年便重复相似的波动形态，产生最高点及最低点的时间也十分接近。下面，我们使用四方形和三角形，对 10 年周期进行分割。

将圆设定为 10 年。

使用四方形，进行时间分割：

30 个月 =120 个月 × $\frac{1}{4}$；

60 个月 =120 个月 × $\frac{1}{2}$（5 年循环）；

90 个月 =120 个月 × $\frac{3}{4}$；

120 个月 =120 个月 × $\frac{4}{4}$（10 年循环）。

使用三角形，进行时间分割：

40 个月 =120 个月 × $\frac{1}{3}$；

80 个月 =120 个月 × $\frac{2}{3}$；

120 个月 =120 个月 × $\frac{3}{3}$。

在这些时间点上，价格容易发生反转。

无论是时间循环，还是价格循环，这些分割点经常对应着市场的顶部、底部，代表着趋势有望反转。在分割点上，趋势可能反转，却不能保证百分百反转。需要用江恩的形态方法，顺着主要趋势的方向，对转势进行跟踪确认。警告，不要一到分割点就做反转交易！

同理，30 年周期、60 年周期等，都可以用上述方法进行分割。

学与练

使用江恩圆，对 60 年周期进行分割：

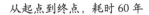

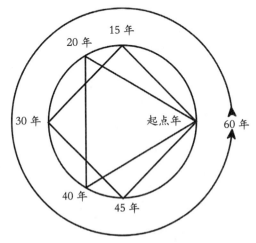

图 7-11 通过江恩圆，对 60 年周期进行分割

93

延伸阅读

江恩原图

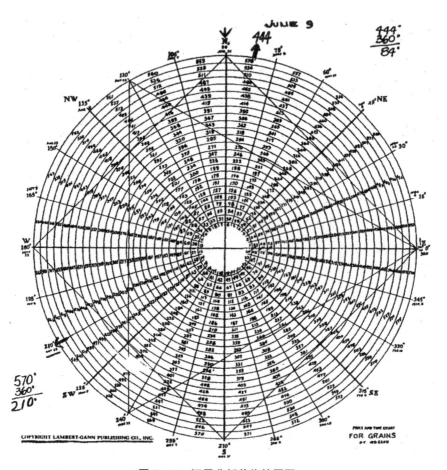

图 7-12　江恩分析谷物的原图

　　江恩说："360°圆周图对于寻找时间周期和价格的阻力位来说，是最重要的手段。首先，我们将圆周两等分，得到的半圆为 180°。而 180°，无论对于以天、以周或以月来计的时间周期，还是价格来说，都是最重要的阻力位。我们若将圆周三等分，就得到 120°、240° 和 360° 三个点，连接这三个点，就形成了圆的内接三角形。我们也可将圆周进行四等分，就得到了 90°、180°、270° 和 360° 四个点，它们可以连成圆的内接正方形，也都是最重要的阻力位。"

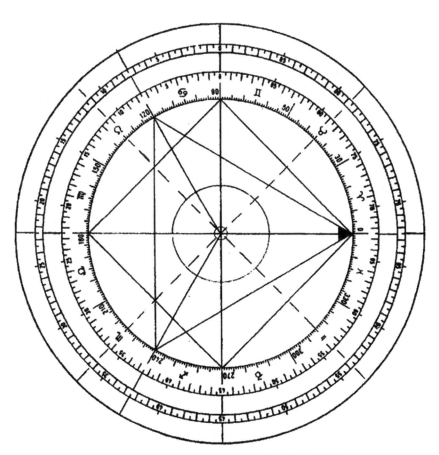

图 7-13　江恩圆的原图，注意其中的星体符号

利用观象获利的数学家

通过研究天文感应，就能预测市场。古希腊数学家泰利斯就为我们提供了例子。

"米利塔斯的泰利斯拥有观星方面的能力，他在冬天时就预测来年橄榄将会丰收。所以，他花了点钱，在米利塔斯租下了所有的橄榄压榨机，租价很低，因为没有人和他竞争。

当丰收季节来临时，很多人迫不及待地想要得到它们，他以满意的价格出让它们，并赚了大笔的钱。因此，他向这个世界展示了，哲学家可以很容易致富，如果他愿意的话。"（亚里士多德《政治学》第一卷的第十一章）。

看起来，江恩在大约100年前发现的投资方法，事实上在2500年前就已经被发现和使用了。

第八章 江恩谈"时间"

威廉·戴尔伯特·江恩

William D.Gann

1878. 6. 6—1955. 6. 18

研究趋势时，时间周期最为重要。当时间到达，成交量会放大，并迫使价格走高或走低。

——江恩

凡事都有定期，天下万务都有定时。

——《圣经·传道书》

导　读

　　江恩认为时间对市场具有非常强的影响力，只要时间一到，趋势就会变化。研究时间，找到时间之窗，从而确定市场最有可能发生转折的时间区间。时间之窗是"机会之窗"，也是交易者进场的最好时间段。时间之窗也被称为转势日期、转势时间、转势时间点等。

　　江恩的时间方法，既有静态的时间之窗，如周年纪念日；也有动态的时间之窗，如角度线提示的时间信号。它会告诉我们趋势转折的预期时间。在预期的时间，如果出现了用于印证的形态，就会给我们一次相当好的交易机会。

　　时间之窗需要顺应趋势。上升趋势中，你需要寻找提示市场看涨的时间信号。

下面，我们进入正文。

江恩说："预测100年甚至1000年，同预测1年或者2年一样简单。"江恩在《时空隧道》中有提及："什么是100年循环呢？就是寻找100年前发生的事情，与当前对比。美国1814—1922年曾发生过粮食歉收、战争和黄热病，而且1819—1822年尤为严重。其中，1821年波斯尼亚暴发了痢疾。100年后的美国也暴发了可怕的传染病。同时，俄国发生饥荒、痢疾和各种致命的传染病，导致很多人死亡。我们分析周期，必须要回顾100年的历史，可使我们发现更多的100年循环证据。"每隔百年，往往有一次大的疫情。

江恩发现，《圣经·传道书》中就提到了时间的重要意义。时间会影响农业收成、金融市场以及众多领域。

"日头出来，日头落下，急归所出之地。"太阳引力造成尼罗河的定期泛滥。约公元前5世纪，古希腊历史之父希罗多德在《历史》一书谈及："夏至是近日点，太阳对海水的作用力最大，形成海水倒灌现象。尼罗河在夏至之后开始涨潮，持续100天，地中海的海水持续向埃及方向涌动。这段时期过去以后，它的水位立刻就回落。""江河都向海里流，海却不满；江河从何处流，仍归还何处。"每当河水退却后，埃及人就排干沼泽，开渠筑坝，兴修水利，在肥沃的土地上辛勤耕耘，定期收割。"栽种有时，拔出所栽种的也有时。"四五千年前，古埃及人就掌握了洪水的规律，开发与利用河水退却后的尼罗河两岸肥沃的土地。

中国的先民和古埃及人一样，同样顺

图8-1 尼罗河与两侧的农田

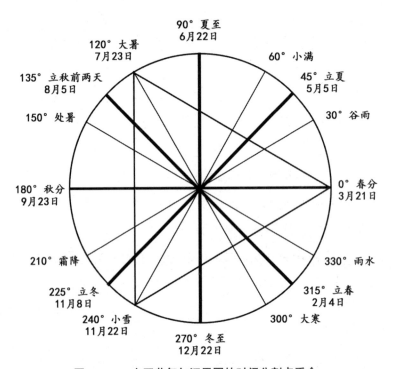

图8-2　二十四节气与江恩圆的时间分割点重合

应着时间周期。为了保证农业收成，他们观察天体运行，认识到时令、气候对农作物的影响，实现了春播、夏锄、秋收、冬藏。我国最早的二十四节气依据斗转星移制定，北斗七星循环旋转，斗柄顺时针旋转一圈为1周期，谓之一"岁"。现行的二十四节气是依据太阳在回归黄道上的位置制定，即把太阳周年运动轨迹划分为24等份，每15°为一等份，每一等份为一个节气，始于立春，终于大寒。二十四节气是中国农历的重要部分。二十四节气是一套顺天、应时、随季的中国传统耕作方式，是保证农业收成的"时间轴"，是播种收割的"行事历"。

江恩发现，农业可以通过时间周期获利，金融市场中，同样能通过时间周期获利。

起点：顶部和底部

上文中江恩谈起："如果你站在正确的起点，又知道现在身处历史的哪个循环，那么，预测 100 年甚至 1,000 年，将会同预测 1 年或者 2 年一样简单。"

正确的起点在哪里呢？这个起点就是市场的底部或顶部。

第一，我们需要对起点做出标记。

对于起点，也就是顶部和底部，你可以用垂直射线、箭头或者圆点来标注，也可以直接在顶部或底部标注日期和价位。

第二，向右延伸，探测转势时间。

从底部（或顶部）向右绘制一条直线，延伸到图形的右端，用来统计这个底部（或顶部）到图形右端之间的线形数量。

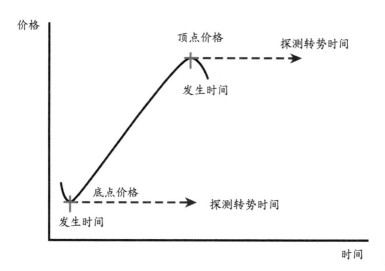

图 8-3　起点的标注

你需要分析顶部到底部、底部到顶部的时间距离，计算了时间距离之后，便可以用来预测未来的转势时间。

江恩强调的时间周期

以下列出了江恩本人提到的时间周期。操作风格不同，使用的时间周期也不一样。若你是长线交易者，可以选择以月为单位的长周期；若你是短线交易者，可以选择以天为单位的短周期。

回撤 3 天、3 周和 3 个月

江恩发现，上升趋势中，价格每次回撤 3 天、3 周和 3 月之后，往往恢复上行。

江恩说："牛市中有一条判定价格还会走高的交易法则是，它的回撤时间要限于 2—3 个月之内，在第三个月价格就应重拾升势。"

根据时间周期进场，你依然需要顺势交易，所以，先要判断趋势是上升还是下跌。

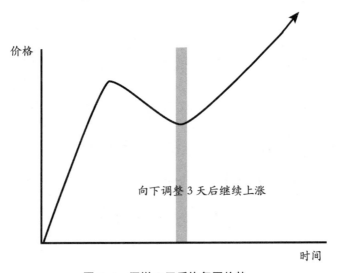

图 8-4　回撤 3 天后恢复原趋势

回撤 7 天、7 周、7 个月和 7 年

"7"是一个非常重要的数字。江恩说:"在 7 的时间周期,市场往往以快速涨跌的方式,产生极端高点或低点。"以 7 周为例,江恩说:"伴随巨大成交量的快速上涨或下跌会运行 7 周左右,这些都是高潮性的上涨或下跌。"江恩对于 7 的研究来自古埃及的资料和《圣经》中的数字。有记录表明,古埃及人认为"7"是现世和永生的象征。这个数字表示了特别的时间韵律。

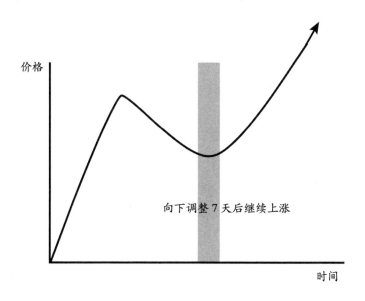

图 8-5 回撤 7 天后恢复原趋势

《圣经》中有利用 7 的时间周期获利的例子。埃及宰相约瑟在 7 个丰年里为埃及囤积了大量的粮食,并在 7 个灾年里,将粮食出售给粮食非常匮乏的国家,积累了大量财富。

涨跌 10 — 14 天或 28 — 30 天

江恩说:"一般市场回撤发生在第 10 天至第 14 天,如果超过了这一时间间隔,随后的回撤将出现在第 28 天至第 30 天。"

连续上涨 10—14 天容易回调

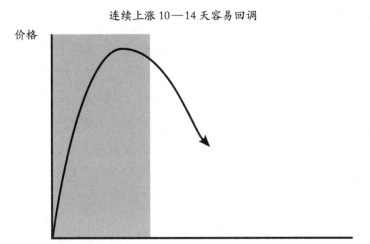

图 8-6　上涨 10—14 天后趋势反转

涨跌 42—45 天或 49—52 天

江恩说："第 49 天至第 52 天注意底部或顶部的出现，不过有时底部或顶部在第 42 天至第 45 天就会出现，趋势的变化开始。"

江恩周年日

江恩在《华尔街 45 年》中说："我发现，股票会在产生最高价和最低价的月份，发生重要的转势。我称这些日期为周年纪念日，在每年的这些重要日期，你都要留心市场发生转势。"

江恩提供了一个周年纪念日的例子。他说："1929 年 9 月 3 日，道琼斯指数创下历史上的最高点。

1930 年 9 月 10 日，大跌前的最后一个最高点出现。

1931 年 8 月 29 日，一轮大跌行情启动。这仅与 9 月 3 日的周年纪念日相差 5 天。

1932 年 9 月 8 日，牛市出现了第一次反弹的最高点。

1933 年 9 月 18 日，次级反弹的最高点出现，随后一轮新跌势开始。

1934 年 9 月 17 日，指数出现上涨前的最后一个最低点。

1935 年 9 月 11 日，市场这一天到达新年以来的最高点，然后开始下跌，跌到 10 月 3 日。

1936 年 9 月 8 日，指数创下最高点，然后回撤至 9 月 17 日。

1937 年 9 月 15 日，市场出现最高点，随后下跌。

1938 年 9 月 28 日，市场最低点，随后出现一轮大的涨势。

1939 年 9 月 1 日，市场出现最低点。

1940 年 9 月 13 日，市场出现最低点，然后反弹至 11 月 8 日。

1941 年 9 月 18 日，市场出现最高点，随后大跌。

1942 年 9 月 11 日，市场出现最低点，随后出现一轮涨势。

1943 年 9 月 20 日，市场出现最高点，随后下跌 11 月 30 日。

1944 年 9 月，市场处于低点，随后出现一轮大的涨势。

1945 年 9 月 17 日，市场出现最低点，随后大涨。

1946 年 9 月 6 日，市场出现小反弹的顶部，随后跌至 10 月 30 日的低点。

1947 年 9 月，市场处于低点，之后出现了一轮上升行情，到 10 月 20 日结束。

1948 年 9 月 27 日，市场出现最低点，随后反弹至 10 月 26 日。

每年都要留心这些周年纪念日。

如果你潜心研究时间周期，同时又研究我的其他规则，就会发现，时间周期对于预测转势有着重大价值。"

江恩周年日是指市场发生顶部或底部的历史日期。由于周年日经常重复发生相同的市场景象，它实际上证实了金融市场存在着周期现象。如果许多周年日汇集在某个日期附近，代表这个日期很可能发生重要的顶部或底部。

24 个变盘时期

江恩谈起美国市场时，曾经讲到了 24 个变盘时期。

他提醒说："了解重要的日期并仔细观察它们，迅速对趋势进行研判。"

这些重要日期如下：

1月7日至10日，以及19日至24日。这些是一年开始时最重要的日期，那些持续数周有时甚至是数月的趋势，常常在这些日期附近出现变化。

2月3日至10日，以及20日至25日。这些日期的重要性次于1月。

3月20日至27日，小的转势出现在这个日期附近，有时也会发生重要的顶部和底部。

4月7日至12日，以及20日至25日。尽管不如1月和2月的日期那样重要，4月的后半月常常是重要的转势时期。

5月3日至10日，以及21日至28日。这个转势时间与1月和2月同等重要，许多重要的顶部和底部都发生在这些日子附近。

6月10日至15日，以及21日至27日。这些日期附近可能发生小型转势，而且在某些年份里，会出现极限最高点和极限最低点。

7月7日至10日，以及21日至27日。这个月的重要性仅次于1月，因为它处在一年的当中，此时上市公司将派发红利，季节性的变化以及公司经营状况会对趋势产生影响。

8月5日至8日，以及14日至20日。这个月与2月同等重要。检查以往的记录，你会发现重要的转势是如何出现在这些日子附近的。

9月3日至10日，以及21日至28日。这些是一年中重要的时期，尤其对于顶部或牛市的最后上升阶段而言，因为相比其他月份，最高点更多地出现在9月。某些小型转势，无论上涨还是下跌，也在这些日期附近发生。

10月7日至14日，以及21日至30日。这些时期相当重要，一些重要的转势在此出现。如果市场已经上涨或下跌了一段时间，这些日子就需要多加注意。

11月5日至10日，以及20日至30日。历史研究证明，这些日期对转势非常重要。在选举年，转势常常发生在这个月初，而在其他年份里，最低价常常出现 20 日至 30 日之间。

12 月 3 日至 10 日，以及 15 日至 24 日。12 月后半月出现转势的概率非常高。

中国市场有没有类似的 24 个日期呢？有的，江恩的上述日期与中国历法的二十四节气相同或相近。

10 年循环

在江恩看来，市场存在着 10 年循环。

找到市场的顶部或者底部，向后推 10 年，就能预测在这个时间点上可能出现的顶部或者底部。

顶部和底部并非精确地相隔 10 年，而是可能相隔 10 年半到 11 年。所以，一定要用形态来确认转势。

30 年循环

江恩指出，要重视 30 年循环周期。他举例说："棉花期货在 1864 年创历史性高点，30 年后的 1894 年，是棉花价格的低点，而另外 30 年后的 1923—1924 年，是棉花价格的另一个高点。所以，每隔 30 年，就要注意市场是否会出现转势。"

60 年循环

60 年的长期循环同样重要。

历史资料已经表明，10 年周期很重要。大多数预测家使用 5 年、10 年、20 年、50 年、60 年和 100 年图形。其他的周期如 1 年、4 年、7 年、15 年和 90 年也一起使用，但是应用最普遍的是 10 年周期。

以上是江恩提到的简单的静态时间周期。选择好起点之后，向图表的右侧，计算 K 线数量，就能找到预测的转势时间。你的下一步工作就是观察这个转势时间是否会出现反转形态。

市场里的大多数转折，出现在多重时间周期出现交集的时候。

有研究者认为，使用 3 天、3 周、3 月之类的简单静态周期，无法体现江恩的实战精髓。由于市场是动态变化的，动态的时间周期更有效率。动态的时间周期是江恩分析方法的难点，作者将江恩工具进行了编程，结合实时行情，能够简单、快速地提示动态的时间周期。这类工具得到许多读者的称赞，他们在使用过程中感受到电脑程序的便利。有些江恩的忠实粉丝甚至南下广州，登门与作者进行面对面交流。

江恩的天文学循环

江恩很看重太阳、行星及月亮的时间周期循环。例如，12 年周期的木星循环、30 年周期的土星循环与 84 年周期的天王星循环。江恩经常使用天文学方法，来预测未来的市场行情，甚至预测多年之后的行情。这些预测包括了精确的价位与发生的时间。他试图用行星之间的合点、四分对座、T 形三角、群星汇聚、大三角、风筝相位、神秘长方形、大十字相位、神秘长方形等图形相位，去寻找那些可预测的时间周期。

在预测的准确性上，预测潮汐、星体、季节甚至太阳黑子之类物理现象的效果更好，预测经济景气和证券市场的效果稍差，但它们仍然呈现循环特性。

切记！江恩的时间方法虽然能够提前发出趋势反转的预警，但是，在预警的时间窗口，能否真正出现转势，还需要市场说了算——必须出现明确的趋势反转形态。形态才是执行买卖动作的许可证。

延伸阅读

比利·琼斯卖掉农场

比利·琼斯是江恩的忠实跟随者。他说："我从 20 世纪 60 年代末就有了自己的农场，并且到了 70 年代末还在经营。农场收入和土地价格在同步增长，但是，按照江恩的周期理论，我发现这样的好日子快到头了。我盘算着，就农场这块来说，80年代初应该是我离场的时候了，如果这个周期是对的，而我却没有留意到它们的话，就会有麻烦了。1980年1月21日那天，我把农场卖掉了。卖掉农场土地的价钱创下了这个州当时有史以来的最高价。后来这里同样的土地，价格只有1980年我卖出价的一半左右。"

江恩：每年都有几波赚钱的机会

江恩认为，在期货市场，每年都会出现季节性的周期。他说："现在棉花价格超常地高……此时恰恰应当进行逆向思维，未来一定出现极端的低价。我现在就敢断言：1923年棉花种植面积很大，棉花的售价在1924年春季以前将是每磅15美分，几年之后还会出现每磅低于10美分的情况。根据供求关系的自然法则，我能指出正确的价格变化规律。因此对于期货市场，一定要仔细研究，因为每年发生季节性变化时，才能有几次大笔捞钱的机会。"

晋源解读

在江恩的作品中，自然法则常常与季节、气候及天文现象有关，暗指时间周期。"每年发生季节性变化时，才能有几次大笔捞钱的机会。"交易者需要耐心等待一年中的这几次机会。

17年蝉的故事

2004年的夏季晚间，美国东部地区有无数的昆虫从地下爬出来，这就是17年蝉。它们爬到树木、电线杆和建筑物上，蜕皮羽化。雄蝉欢乐地喧闹，引诱雌蝉，这标志着它们在地下生存了17年，如今要举行"婚礼"。17年蝉总是遵循着 17 年的周期集中出现。科学家解释，17 年蝉的这种奇特方式，为的是避免天敌的侵害，安全延续种群，因而演化出一个漫长而隐秘的生命周期。

当 17 年蝉爬出地面时，正是食虫兽最快乐的时光。实在是难得一见的盛宴呀！它们一拥而上抢食这些 17 年蝉。要不是数量优势，这种蝉恐怕早就灭绝了。它们在地下生活的时间有 17 年，是昆虫世界里最长寿的。

2021 年，美国东部地区发出预警，提醒市民可能有 300 亿只蝉即将破土而出，建议居民提前做好防御措施。

考考你，2021 年之后，到了哪一年，17 年蝉又会大规模地出现呢？

晋源解读

生活中存在着许多周期现象，上下班的早晚高峰、动物的迁徙、日升日落，等等。要善于观察，发现周期的乐趣。

第九章 江恩谈"形态"

威廉·戴尔伯特·江恩
William D.Gann
1878. 6. 6—1955. 6. 18

在单底、双重底和三重底买入。

——江恩

导　读

在市场上，交易大众持有不同的观点，表现为买方与卖方的力量博弈，使价格呈现出千姿百态的形态。

有一些形态具有鲜明、典型的特点，在确定突破方向时，具备了较高的概率。这类形态在市场上重复发生，提供了有效的进场和离场信号。你需要一次又一次地识别这些形态，用来预测价格。

江恩把形态分为中继形态和反转形态。他最重视的中继形态产生于明确的上升趋势和下降趋势。在江恩看来，在趋势中获利，才是最大的利润所在。

在反转形态上，江恩的优势在于，他能够预测趋势反转的时间，从而让交易者在形态反转的潜在位置预做准备。好的交易者会等待反转形态真实发生，然后才顺着新的趋势行动。这种反转形态首先会在小型图表产生，例如30分钟图，然后是4小时反转，最后再过渡到日线级别的反转。

下面，我们进入正文。

形态是一些价格的花样，这些花样的方向更容易预测。在研究形态时，请时刻记住形态记录了买卖双方的战争，直到一方取得胜利。

江恩以国民酒业股票为例，谈到了双重底形态的应用。"国民酒业构成了双重底的结构……支撑力度很强，之后蓄势整理的量能很足，当其他股票还在一路创新低时，这只股票已经开始向上攻了……底部的逐步抬高就表明它做好了继续上攻的准备。1933 年 4 月，它先后突破了 1932 年的顶部 $27\frac{1}{4}$ 美元和 1931 年的顶部 $36\frac{3}{8}$ 美元，也就更加确认了它的上升趋势，你在这里应该买入，并在价格一路向上时采取金字塔式买入法进行跟进。1933 年 5 月，它又突破了 1928 年和 1929 年的顶部，价格在 58 美元左右；同年 7 月，它的价格就攀升到 124 美元的顶部。"

形态漫谈

趋势分为上升趋势与下降趋势。

上升趋势是买方控制市场的过程。最简单的识别方法，就是市场整体上移，出现更高的高点和更高的低点。在上升趋势中，每当市场向上试探前一个峰值的阻挡时，这个上升趋势总是处于极为关键的时刻。一旦市场不能越过前一个高点，便发出了上升趋势即将有变的第一个警告信号。在市场试探阻力的过程中，图表上会形成各种图案——单顶、双重顶、三重顶，这就是形态的由来。

下降趋势就是卖方控制市场的过程。当市场整体下移，出现更低的高点和更低的低点时，下跌趋势就出现了。

时间周期在趋势中发生作用。

在上升趋势中，我们更多地使用时间周期计算低点。当价格面临支撑位，时间周期到达转势日期，就会出现单底、双重底、三重底等形态。下降趋势正好相反。

交易者必须明确了解何谓理想的价格形态。适合交易的价格形态不会每天都有，通常需要好几个星期或几个月的时间酝酿和发展。培养耐心，耐心等候市场表达自己的意图。交易者看到潜在的价格形态，往往迫不及待想要进场。但市场通常会清楚地显示适当的进场时机。

形态分为中继形态与反转形态。

中继形态是原有趋势的回撤小插曲，不会扭转原有趋势。

反转形态是原有趋势的终结者，破坏了原有趋势，使之发生彻底的反转。对于底部、顶部、颈线位被攻破之后发出的形态警戒信号，不要漠然视之。

中继形态

在价格前进时，通常能看到一段休整和酝酿的时间。这种酝酿时期只是现有趋势的休整，随后，价格将沿着原有趋势继续前进。

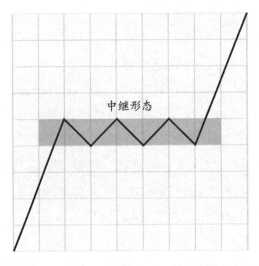

图 9-1　中继形态，价格休整之后，继续沿原来方向前进

持续形态，包括三角形、旗形和三角旗形、楔形及矩形。

中继三角形

在趋势行进中，价格出现了停顿，峰位和谷底之间的波动幅度逐渐缩小，买卖双方力量逐渐变弱，遭遇侧向的阻力位和支撑位时，最终形成了三角形。之后，喘息过来的顺势一方继续取得上风，沿着原来方向前进。

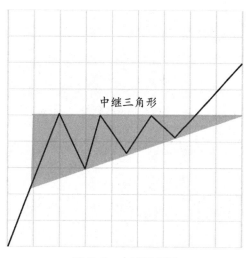

图 9-2　中继三角形

旗形

在趋势行进中，价格出现了停顿，买卖双方的争夺，形成了旗形的形态。后市往往有快速的跃升。

旗形经常出现于急速上升或下降的行情中途，分为上升旗形与下跌旗形。急速的上升中，成交量逐渐增加，最后达到一个高位，早先持有股票的交易者，已经因为获利而卖出，前进的上升趋势也遇到大的阻力，股价开始小幅下跌，形成旗形。不过大部分投资者对后市依然充满信心，所以回落的速度不快，幅度也轻微。不断减少的成交量反映出卖方力量在回落中不断削弱。经过一段时间的整理之后，到了

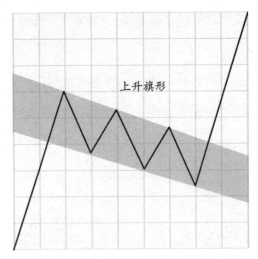

图 9-3　上升旗形

旗形末端，价格突然上升，成交量也大增，价格又出现了急速上升。这是上升旗形。下跌与之相反。

三角旗形

在趋势行进中，价格出现了停顿，买卖双方在犬牙交错的争夺过程中，逐步走出三角旗形态。后市随着一方力量占优，往往有快速的波动。

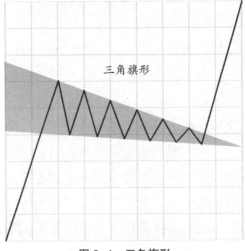

图 9-4　三角旗形

楔形

在趋势行进中，价格出现了停顿，买卖双方呈现出楔形形态。后市往往会持续原有趋势。楔形与三角形、旗形相似，严格意义上讲，是这两种形态的变体。楔形的后市变化比较多。

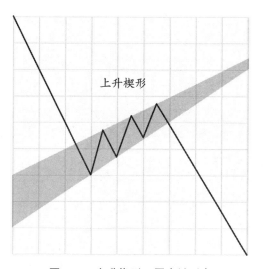

图 9-5　上升楔形，属中继形态

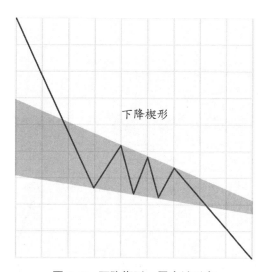

图 9-6　下降楔形，属中继形态

矩形

这是趋势行进中的一种可靠的休整形态。

价格在两条大致平行的水平直线之间横向延伸，上沿有明显的压力，下沿有明显的支撑。

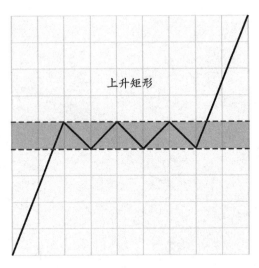

图 9-7 上升矩形，下侧的虚线为支撑位，在上升市中意义更大

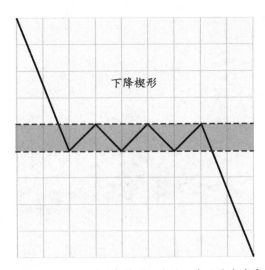

图 9-8 下降矩形，上侧的虚线为压力位，在下降市中意义更大

中继形态的进场方法

在中继形态的上边界被向上突破时买进，在中继形态的下边界被向下突破时卖出。从细分的操作手法来看，江恩的中继形态具有两种进场方法——回撤进场和突破进场。回撤进场，就是在趋势发生暂时的回撤时进场，止损较小，利润空间较大。江恩说："当一波牛市行情开始以后，要在股票回撤的时候买进，并把止损单设置在该股前期支撑位下方3个点的点位上。"

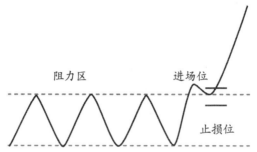

图 9-9　回调后进场，比较安全，但是有时价格不做回调直接上攻

突破进场，是观察到价格出现向上或向下的突破之后，干净利落地顺势进场。

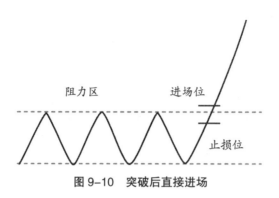

图 9-10　突破后直接进场

无论回撤进场，还是突破进场，最重要的是，要理解中继形态隐藏的趋势力量。趋势增强了中继形态的胜算。江恩说："有明确的市场上升迹象时，才买进；有明确的市场下跌迹象时，才卖出。"

时间周期在趋势中发生作用。在上升趋势中，我们更多地使用时间周期计算低点。当价格面临支撑位，时间周期到达转势日期，就会出现单底、双重底、三重底等形态。

反转形态

反转形态分为底部反转与顶部反转。

底部反转形态有双重底、三重底等。顶部反转形态包括双重顶、三重顶等。

江恩预测到市场出现上升趋势时，并不急于进场，而是先等一等，看到底部先出现反转的形态，再进场做多。当市场出现下降趋势时，他会等待顶部先出现反转的形态，再寻找做空的进场位。

底部反转

当市场形成底部之后，这个底部的影响力将始终存在。

从底部向右绘制一条直线，代表底部的影响力在时间上的延伸。市场第一次出现向下接近底部时，通常会出现买方涌出的买单。需要观察这个水平所出现的单底、双重底、三重底或其他底部信号。

如果底部被有效地向下跌破，那么旧的底部将作为新的顶部。江恩最欣赏的一条规则就是：过去的底部变成新的顶部。

你要关注前期的顶部，一旦顶部被买方向上突破，就要引起警觉，因为趋势可能反转向上。

尖底形态

市场暴跌后急促反弹，就形成了尖底形态。它反映出主力机构在低位大量吸纳，扭转市场的下跌趋势。

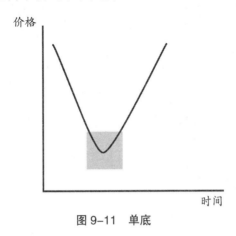

图 9-11 单底

平底形态

江恩说："这种形态是市场在底部维持 3—10 周的窄幅振荡，当市价突破波幅的顶部，市价便见底回升。"

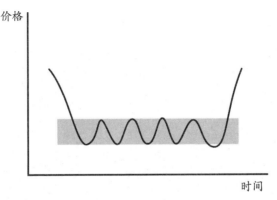

图 9-12 平底

双重底形态

江恩说:"当价格下跌营造第一个底部后,市场反弹2—3周,之后再向下试底,若市场在上述水平守稳,价格上破之前的反弹顶部,便形成一个双重底,在突破点买入最为安全。"

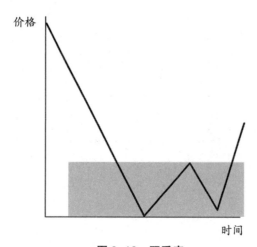

图 9-13　双重底

晋源解读

　　每个人都希望在尽可能低的低点买进,在尽可能高的高点卖出,正如江恩先生所说,在已经确立的强劲牛市买进,通常收益很大,风险很低。然而,尝试在一个可能正在形成的牛市底部买入,则需要与众不同的勇气。此时市场十分萧条,看似最弱的时候,反而是风险最低,价格涨势最有潜力的时候。一段向上的趋势或者牛市，往往始于一个双重底。由于许多双重底并非开启一个新的牛市，你必须考虑双重底形态与其他指标是否相互配合。另外，正在形成牛市的可靠性常常与酝酿的时间长度成正比。上行的酝酿时间越长，双重底的有效性就越大，而且市场可以走得更远。

三重底形态

江恩说："市场 3 次下试相同水平后反弹，若上破第二个顶部，便是市场的入市点。"

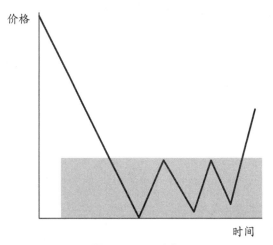

图 9–14　三重底

江恩举例说："1940 年 5 月 8 日，指数的最高点是 149 点。从这个位置开始，一场陡直而猛烈的下跌出现了。5 月 21 日，最低点 110.50 点，指数在 13 天内下跌了 38.5 点。5 月 21 日、5 月 28 日和 6 月 10 日，平均指数在这个位置形成了三重底，这说明市场的支撑良好，而且这场骤降是在希特勒入侵法国并得手时出现的。随后市场出现反弹,一直持续到 1940 年 11 月 8 日,这离 1938 年的最高点正好两年。"

晋源解读

一个开始明确上行的形态,低点会逐渐抬高。从心理上看,低点不断抬高,进场买进的成本貌似提高了。可是,当低点被逐渐抬高时,上行趋势将更加强劲。市场下跌一段时间以后,需要用几次探底,才能确认一个反转向上的起点。比第一个和第二个低点更高的第三次探底低点,能够给予我们更多的信心。这意味着价格可能已经结束下跌,最小阻力线已经抬高了。

四重底形态

江恩说:"市场 4 次下试相同水平不破,只要价格向上突破四重底形态的第三个顶部,便是市场的入市点。"

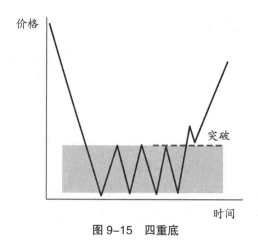

图 9-15　四重底

价格在经历了很长时间的下跌之后，进入到底部阶段。此时出现的底部形态代表着早先的下跌趋势已经得到逆转。

底部形态通常经历一段时间的盘整，才能确认成形。它们出现买入或卖出信号时，需要及时采取行动，如同冲浪运动员抓住最佳时机乘风破浪一样。这样，你在新趋势刚开始出现时，就能抓住时机。

中期尤其是长期的底部影响力更大。一个普遍而可靠的原则是：一个低点持续的时间越长，它就越有可能提供持久的支撑，如果随后再度探底的话。

另外，市场跌破底部时，被突破的底部就有可能成为顶部。江恩最欣赏的另外一条规则就是：过去的底部变成新的顶部。

顶部反转

顶部反转形态与底部反转形态相反。

当市场形成顶部之后，这个顶部的影响力将始终存在。此时，从顶部向右绘制一条直线，代表顶部的影响力在时间上的延伸。当市场第一次出现向上接近顶部时，通常会出现卖方涌出的卖单。需要观察这个水平所出现的单顶、双重顶、三重顶或其他顶部信号。

顶部被有效地向上突破，那么旧的顶部将作为新的底部。江恩最欣赏的一条规则就是：过去的顶部变成新的底部。

你要关注前期的底部，一旦底部被卖方向下跌破，就要引起警觉，因为趋势可能反转向下。

单顶形态

单顶的形态不易形成，但是依然要用止损单控制风险。

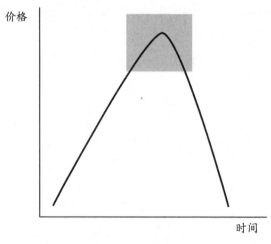

图 9-16　单顶

双重顶形态

对于双重顶，你需要观察双重顶上方阻力区的力度。有了大型阻力区的压制，双重顶部之上的止损点很少被触及，从而使得双重顶部卖出是安全的。在极端的高价位，市场经历了长时间的大幅上升，开

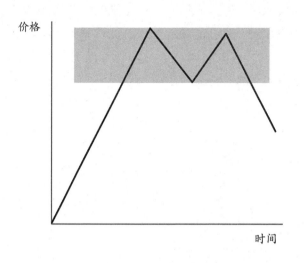

图 9-17　双重顶

始出现衰竭，卖方力量开始主导时，此时的双重顶才是有效的。形成的双重顶并不一定要求两个顶部完全一样。例如，当下降趋势有迹象时，第二个顶部比第一个顶部稍微低一点，它是出现大幅度下跌之前的常见形态。

短期的双重顶经常出现，但是长期形成的双重顶部更可信。两个顶部相距越大，形态越重要，意味着上方阻力区的压制越强。交易者应当关注双重顶的形成，并且特别留意双重顶上方阻力区的力度。

三重顶形态

三重顶也称三山。三重顶比三重底的持续时间短。三重底发生于股票的建仓阶段。人们期望拿到更低的价格，从而赚得更多。此时，贪婪利润的情绪占据了上风。贪婪对于情绪没有太大的破坏力。

三重顶是派发阶段的形态。三重顶有一个典型代表——头肩顶。它是怎样形成的呢？

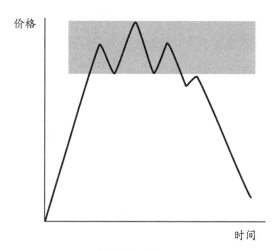

图 9-18　三重顶

在上升趋势中，价格逐渐抬高。然而，随着爬升结束，卖方开始发力，先是向下击破了"左肩"和"头"两个最高的高点。买方努力把价格推到更高的位置，但无法做到，此时形成右肩，这标志着上升趋势的结束。向下跌破颈线，就被看作是即将到来的下降趋势的确认。向下跌破颈线时，价格往往发生急跌，交易者发现自己的账户出现了快速的缩水，那种油然而生的恐惧感就像有人在耳边高喊：快跑！这种恐惧的情绪会让众多的交易者做出仓促鲁莽的行动。恐惧在派发阶段有着强大的驱动力，让人情绪失控，因此，三重顶部的下边界，也就是颈线位，比三重底更容易被突破。

无论三重顶还是三重底，时间都扮演着重要的角色。与三重底部一样，三重顶部形成的时间越长，向下的移动就越显著。在运行时间与价格幅度方面，三重顶的两肩往往具有某种程度的对称。

四重顶形态

四重顶并不常见，但是意义重大，因为形成的时间较长，一旦下跌，力度也较强。

四重顶意味着市场在持续地试探上方的阻力位和下方的支撑位。最终形成4个山峰的图形。随着买方力量的逐渐减弱，价格第四次向下冲击支撑区域时，往往出现向下的突破。

江恩说："跟随趋势交易。你在确定趋势时，才可以买进或卖出。"

通过形态，能够识别趋势的前进或反转。江恩提示说，成熟的交易者能够在实时行情中，动态地识别各种形态。"在股票出现单顶、双重顶和三重顶的时候卖出股票，也可以在一些高位卖出股票，只要你能够在其点位上方3个点处设置止损单即可。"

中继形态和反转形态有时难以识别，所以需要用止损控制风险。江恩谈到了横盘整理后的一种迷惑性走势。"研究横盘整理是很有意思

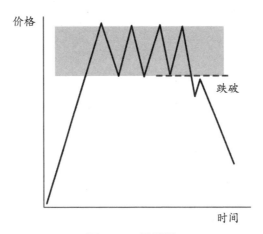

图 9-18　四重顶

的。当一只股票出现小幅下跌后，紧跟着出现反弹，但是反弹的高度却无法达到前期的高点，出货就经常发生在这个横盘的阶段，我们称之为横盘整理。人们往往在回撤的时候买进股票，因为他们认为那个时候价格便宜，可是他们并不知道主趋势的下跌已经箭在弦上。"

如果跟随形态信号操作，你就是顺势而为。以形态的颈线为例，作者喜欢预期突破方向倾斜的颈线，这意味着最小阻力线已经指向有利的方向。

总之，形态对于市场影响巨大，特别是时间和价格都对形态进行了确认的时候，就有了上好的交易机会。如果交易者只注重单一的江恩时间方法，很可能损失巨大。虽然时间之窗代表着转势的机遇，能够让你提前上车，可是，如果在时间之窗，没有形态的确认，就意味着机遇没有出现。你在跟随形态信号时，不时会出现一些错误。然而，错误的反面也意味着正确。例如，聪明的交易者在趋势得到确认之后，发现自己早先的判断是错误的，他会迅速止损，甚至反向操作。面对错误不要回避，积极地面对它，改正它。这才是江恩反复强调的积极心态。

第十章　江恩谈"角度线"

威廉·戴尔伯特·江恩
William D.Gann
1878. 6. 6—1955. 6. 18

时间与价格形成正方形时，价格与时间都到达转势点，从而预测趋势发生转折。

——江恩

依靠上升 1×1 角度线，就能击败市场。在上升 1×1 角度线之上，等待买入股票，在上升 1×1 角度线之下，等待卖出。

——江恩

导　读

时间和价格之间存在一定的比例关系。这是江恩角度线的基础。按照比例关系，江恩画出了角度不同的多条角度线。角度线的斜率代表了价格运行的平均速度。

角度线可以显示趋势的方向，在牛市中，只要价格维持于上升1×1角度线的上侧，则牛市持续有效；而在熊市中，只要价格维持在下降1×1角度线的下侧，则熊市持续有效。

角度线还能预测未来的价格位置和转势时间点。这样，交易者避免了被大众情绪刺激而匆忙进场的情况。

下面，我们进入正文。

江恩对角度线规定了命名法则，以 A×B 的形式表示。A 代表时间，B 代表价位。8×1 角度线表示，时间运行了 8 个单位，价格才变化了 1 个单位。1×8 角度线表示，时间运行了 1 个单位，价格却变化了 8 个单位。所以，角度线能够反映价格运行的速度。在相同的时间里，运行的空间越大，角度线就越陡峭。

晋源解读

　　也有一种完全相反的命名方法。以 1×4 角度线为例，第一个数字代表价格，第二个数字代表时间。因此，1×4 角度线代表"价格变化了 1 个单位，而时间已经运行了 4 个单位"。

绘制角度线

江恩角度线分为上升角度线与下降角度线。

我们先绘制上升角度线。

在《江恩股票市场教程》中，江恩讲解了上升角度线的画法：

"先等待趋势的形成。如果股票已经下跌了一段时间，然后开始上涨。起自底部的这段上涨必须每天形成更高的底部和更高的顶部。""价格上涨 3 天之后，你可以从这个底部画上升 1×1 角度线和上升 2×1 角度线。通常，起初仅有必要画上这两个角度。如果这个底部维持住了，而且没有被突破，你可以从这个底部画上其他角度。"

价格如果跌破了上升 1×1 角度线，它将奔向下一个目标位——上升 2×1 角度线。不同的角度线指示了支撑与压力，同时对市场未来的方向和价格行为也具有预测功能。

角度线形成之后，就要跟踪趋势。江恩说："起自底部的这段上涨必须每天形成更高的底部和更高的顶部。"只要价格没有跌破上升角度线,上升趋势就在持续。

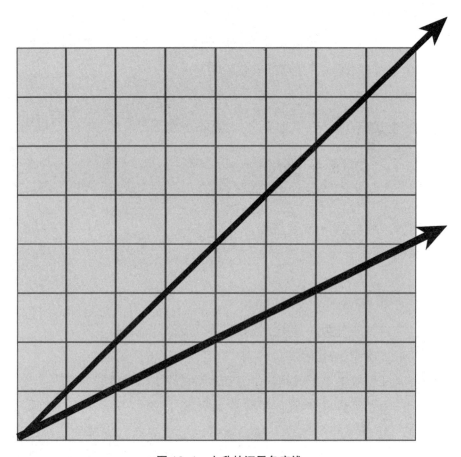

图 10-1　上升的江恩角度线

上升角度线是从市场底部向右上方向延伸的直线。

下降角度线是从市场顶部向右下方向延伸的直线。

角度线的强度

江恩角度线分别有：

上升1×1角度线：时间运行1个单位，价格上升1个单位。

上升1×2角度线：时间运行1个单位，价格上升2个单位。

上升1×3角度线：时间运行1个单位，价格上升3个单位。

上升1×4角度线：时间运行1个单位，价格上升4个单位。

上升1×8角度线：时间运行1个单位，价格上升8个单位。

上升2×1角度线：时间运行2个单位，价格上升1个单位。

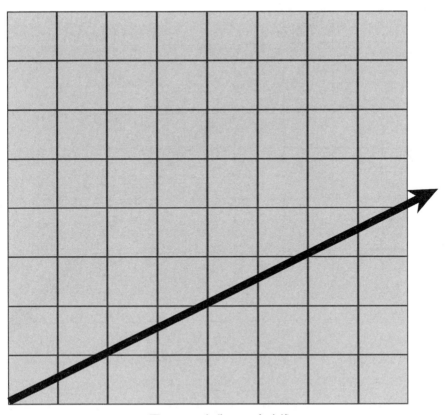

图10-2 上升2×1角度线

上升 3×1 角度线：时间运行 3 个单位，价格上升 1 个单位。

上升 4×1 角度线：时间运行 4 个单位，价格上升 1 个单位。

上升 8×1 角度线：时间运行 8 个单位，价格上升 1 个单位。

下降 1×1 角度线：时间运行 1 个单位，价格下降 1 个单位。

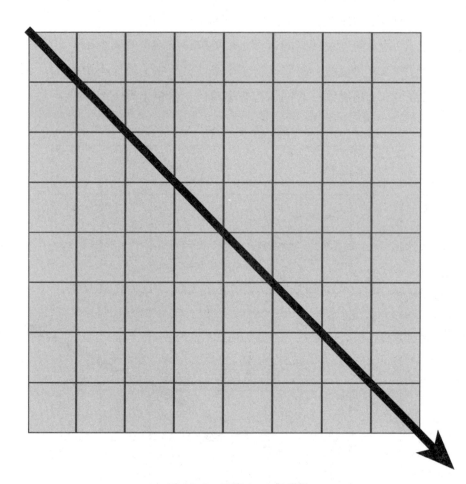

图 10-3　下降 1×1 角度线

下降 1×2 角度线：时间运行 1 个单位，价格下降 2 个单位。

下降 1×3 角度线：时间运行 1 个单位，价格下降 3 个单位。

下降 1×4 角度线：时间运行 1 个单位，价格下降 4 个单位。

下降 1×8 角度线：时间运行 1 个单位，价格下降 8 个单位。

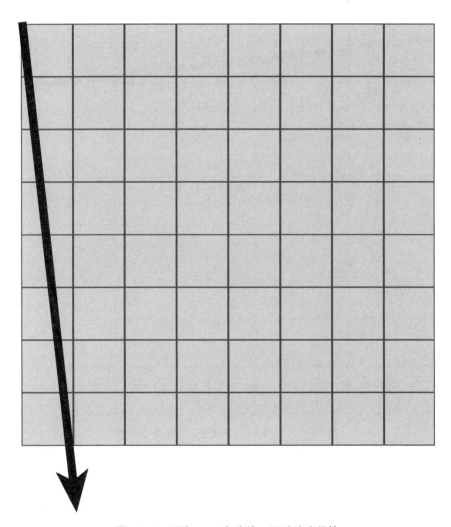

图 10-4 下降 1×8 角度线，下跌速度很快

下降 2×1 角度线：时间运行 2 个单位，价格下降 1 个单位。

下降 3×1 角度线：时间运行 3 个单位，价格下降 1 个单位。

下降 4×1 角度线：时间运行 4 个单位，价格下降 1 个单位。

下降 8×1 角度线：时间运行 8 个单位，价格下降 1 个单位。

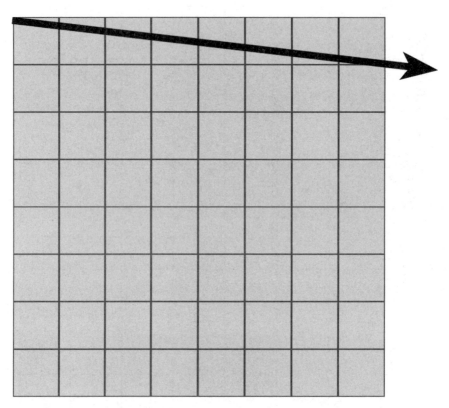

图 10–5　下降 8×1 角度线，下跌速度很慢

这些角度线都很重要，因为它们标出了支撑与阻力，同时对未来的转势时间也有预测功能。

价格奔向下一条江恩角度线

江恩角度线有一条预测规则：当市场突破一条江恩角度线时，价格将向另一条江恩角度线运动。这是因为随着时间的推移，之前特定的江恩角度线的重要性逐渐减弱，市场最终突破它。因此，市场跌破了 2×1 角度线之后就开始向 1×1 角度线移动，正如市场跌破了 1×1 角度线之后，最终将到达 1×2 角度线一样。相反，在上升趋势中，守住了 2×1 角度线，则很可能升至 1×1 角度线，一旦突破了 1×1 角度线，则又向 1×2 角度线冲击。

江恩用 1×1 角度线来反映市场的波动率，而用 1×2 角度线、2×1 角度线分别来反映市场的加速和减速运动。

角度线的强度

在上涨和下跌的强度上，角度线也呈现出成倍增强或减弱的关系。

1×1 角度线代表 1 个单位时间内，发生 1 个单位价格变化。2×1 角度线表示每 2 个单位时间内价格变化 1 个单位。与 1×1 角度线相比，2×1 角度线所反映的价格变化速度慢了 1 倍。1×2 角度线表示每个单位时间内发生 2 个单位价格的变化，与 1×1 角度线相比较，1×2 角度线所反映的价格变化速度快了 1 倍。1×1 角度线以波动率为基准画线，1×2、1×4、1×8、1×16、1×32、2×1、4×1、8×1、16×1、32×1 等角度线则是以 1×1 角度线为基准，相应成倍地加快或成倍地减小价格变化的速度，从而做出的江恩角度线，这里我们使用了"成倍地加快"或"成倍地减小"这两个说法，表现在数字上就是 1、2、4、8、16、32……这样的等比级数。

江恩是这样谈论角度线的趋势强度的："当价格保持在 1×2 角度线之上时，表明它处于较强的位置。当价格上穿 1×4 角度线，表明它处于下一个较强的位置。当价格上穿 1×8 角度线，表明它自顶部下跌以来再次处于很强势的位置。"

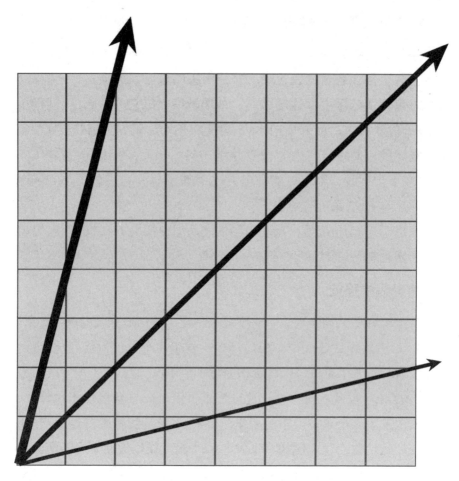

图 10-6　不同的角度线代表了不同的趋势强度

价格遇到角度线的反应

当价格触及角度线时，它就走到了一个时间和价格的共振点。共振点意味着反转。

以 1×1 角度线为例。在 1×1 角度线上，价格与时间正好处于完美的均衡状态中。在上升趋势中，当价格向下回落至上升 1×1 角度线时，时间和价格的关系恢复均衡状态，就像山羊碰触了电线一样，价格往往再度恢复上升，加速原有的上升趋势。在价格与角度线相交的位置，下降趋势反转，转向上升趋势。相交位置既是一个时间循环的转折点，也是一个支撑区域。这个相交位置是一个新的趋势的开始，而你在大众追逐它以前，就通过角度线预测了最好的价格。角度线也称为"时间与价格的共振线"，从而将交易胜算概率提高。

如果这条角度线被跌破了，就表明时间和价格的均衡关系被打破了，趋势可能发生变化。

角度对于价格高低的影响

角度对价格的影响与角度线的斜率有关。当角度线不太陡峭时，随后的扇形角度线将需要很长的时间，才能到达高价区。股性呆滞的股票，需等待数月或数年，才有大的变化。当角度线非常陡峭时，价格却非常不稳定。一些非常强势的股票，虽然涨幅很大，却出现了快速大幅的崩塌。

江恩谈角度线的战法

以 1×1 角度线为例，江恩说："在所有角度线中，1×1 角度线是最为重要的，因为它是代表 1 个单位的时间等于 1 个单位的价位，换言之，它表示市况处于平衡状态之中，同时也说明用它可以判别市况的强弱，1×1 角度线是后市好坏的分水岭。"

依靠角度线买卖

江恩说："价格逗留在上升 1×1 角度线之上，就意味着价格处于强势位置，并且预示着价格将会走高。你可以在价格触及上升 1×1 角度线时买入。"

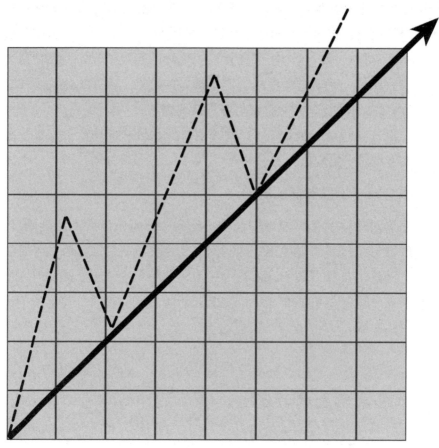

图 10-7　上升的角度线代表着上升趋势，宜逢低买入

市场波动不止，直到它遇到角度线。当价格遇到角度线时，价格和时间达到平衡，趋势变化才有可能发生。

角度线的止损

"我在上升 1×1 角度线之下 1、2 或 3 美元位置设置止损，但记住这个规则——决不使用超过 3 美元距离的止损单。除非股票在低位附近，或者恰好在牛市的起点及非常低的价位交易，否则我始终用上升 1×1 角度线之下 1 美元的止损单。"

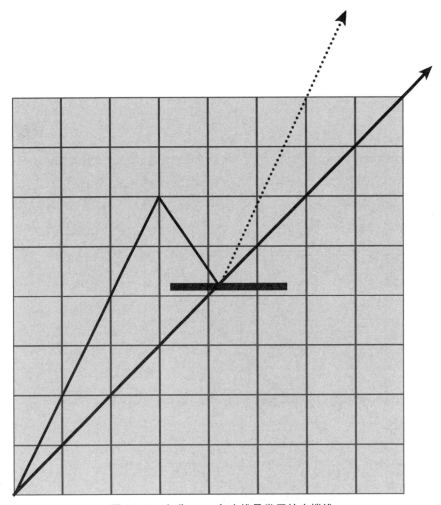

图 10-8 上升 1×1 角度线是常用的支撑线

角度线的有效跌破

江恩说:"如果上升 1×1 角度线向下破位 1 美元,你通常会发现趋势已经改变,至少暂时是这样的,要观察股票是否走向更低。""在上升 1×1 角度线下等待卖出。价格向下突破了上升 1×1 角度线之后,继续下跌,股票处于弱势。"

注意当前价格与起点的距离

江恩说:"如果股票的涨幅已大,向下突破了上升1×1角度线之后,预示着价格将继续走低。"

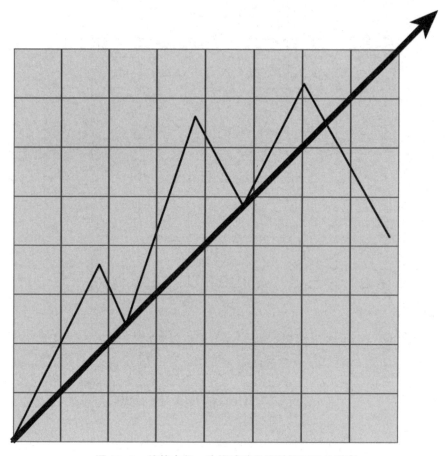

图10-9 趋势末段,价格跌破角度线的可能性增高

价位走得越高,距底部越远,就越容易发生调整,正应验着江恩谈到的那句话:"当价格形成3—4个上升波段之后,往往面临转势。"另外,应用角度线时,市场价位越往上升,价格与江恩角度线就离得越远。价格触及上升1×2角度线之后,市场抛售力量将会十分猛烈。

动态调整角度线

一根角度线只能显示阶段性的速度。随着市场变化，江恩角度线也要随之变化。例如，价格加速时，上升角度发生了变化，原有的角度线已经无法准确显示当前的趋势，此时就需要再次绘制角度线。这就是角度线的变轨。

股票的波动率是变化的。某只股票一直很沉闷，忽然传来了并购题材、产业政策面利好等消息，瞬间活跃起来，我们知道股票的波动率已经变化了，此时，就要按照新的波动率调整角度线，使之符合新的市场条件，从而寻找未来的价格目标及时间目标。

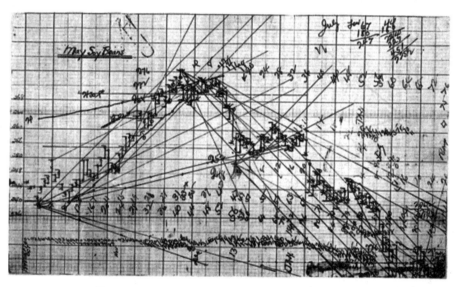

图 10-10　江恩手稿：随着市场变化调整江恩角度线

江恩列举了调整角度线的一个例子。"蛋类合约将从 2 月 1 日开始调整为每点 1.44 美元，因此我根据这个金额调整了角度，这非常重要。我考虑使用 5×4 角度线，相当于是每天 8 个点的速度上升，而不是每天 10 个点的 1×1 角度线。"

角度线总能牢牢跟踪趋势

江恩说："当市场从底部爬坡，价格在上升 1×1 角度线附近徘徊时，是最好的买入机会。上升角度线代表着上升趋势，底部和顶部逐渐抬高，在江恩角度线附近买入，实际上就是在上升趋势的底部买入。即使你错失开始阶段的底部，还有再次入市的机会。"

角度线的穿透量

应用江恩角度线时，价格穿透角度线之后，可能再次返回这条角度线，恢复原有趋势。价格击穿角度线的幅度，就形成了穿透量。我们需要发现穿透量的平均值，依据穿透量设置止损点。如果你的承受能力较好，认为后市空间较大，尤其是在趋势比较强的市场中，可以选择较大的止损范围，这样，价格就不会频繁地触及止损点。当然，风险也加大了，一旦市场偏离了你的预期，损失也会增加。

江恩角度线与时间周期的结合

只需要应用江恩的时间方法，就能预测未来顶部与底部发生的时间。江恩说："始终留意价格与时间垂直的位置，就可以更精确地预测趋势的变动。"

晋源解读

江恩先生有几种说法——"时间与价格的平衡""价格与时间垂直""时间与价格形成正方形"。它们都代表趋势的反转。

角度线能够显示价格的支撑与阻力。例如，当角度线显示价格面临支撑，利用江恩时间法则分析，显示时间转势点出现时，价格向上反转的概率就增大了。

在大周期上使用江恩角度线

不同的周期，都可以用来绘制江恩角度线。可是，图表上出现太多的江恩角度线，容易使人迷惑。基于这个缘故，交易者通常不会通过小周期的顶部与底部，绘制江恩角度线。因为如此绘制的角度线将形成蜘蛛网状，产生过多的支撑与阻力，使得交易无从进行。

延伸阅读

角度线与百分比联合使用

这两种技术相得益彰。把价格变化的幅度划成八等份，画出八等份的回撤点。在上升趋势中，这些直线在价格回落时起支撑作用。在下降趋势中，它们起阻挡作用。通过这些百分比线，我们预先就可以知道何处为重要的百分比回撤位置。最重要的百分比点位是 $\frac{3}{8}$、$\frac{4}{8}$ 和 $\frac{5}{8}$，其余回撤点的重要性略差。我们从高点或低点出发，画出江恩的角度线，其中最重要的三条角度线是 1×1、1×2 和 2×1 角度线。这三条角度线与中间的三条百分比线合在一起，界定了图表上的重点区域。例如，上升趋势的 50% 位置回撤正好达到 1×1 角度线，这里是极好的支撑区。另外，上升趋势的 $\frac{3}{8}$ 回撤点正好抵达 1×2 角度线，这也意味着价格同时达到了重要的角度线和重要的百分比线。

第十一章　江恩谈"九方图"

威廉·戴尔伯特·江恩
William D.Gann
1878. 6. 6—1955. 6. 18

　　顶点或底点后的每30、60、90、120、150、180、210、240、270、300 和360 天或相应圆的度数，趋势会出现重大改变。

——江恩

导　读

　　毋庸置疑，江恩九方图是最受欢迎的神秘工具。人们对它最感兴趣，问及次数最多。有些读者可能在《江恩商品期货教程》或者《江恩股票市场教程》中见过它。它具有计算时间和价格的双重功能。然而，许多交易者却不知道如何使用它，更不懂得这种多维度计算器的真正潜力。

　　鲁杰罗跟随江恩近6年时间，透露了江恩总是随身携带着一张微型九方图进场交易。然而，江恩并不是九方图的发明者。

　　九方图可以追溯到远古时期，甚至早于古埃及王朝。它很早以前就存在，而且人们也不知应用了多少年。只是到了中世纪，它突然神秘地消失了。后来，毕达哥拉斯研究埃及神庙，多年后将秘密带回了希腊。九方图的标志同样出现于印度的寺庙。江恩数次前往埃及和印度，就是去探寻神庙中所蕴含的知识。古埃及人和古印度人都曾经使用过九方图。它以几种不同的方式来度量时间和空间。江恩是将九方图运用于金融市场的第一人。

　　江恩九方图由数字方阵和圆构成，另外，还有一些角度不同的水平线、垂直线和斜线。这些线条代表着敏感的价格和时间。敏感的价格是指当价格抵达这些水平

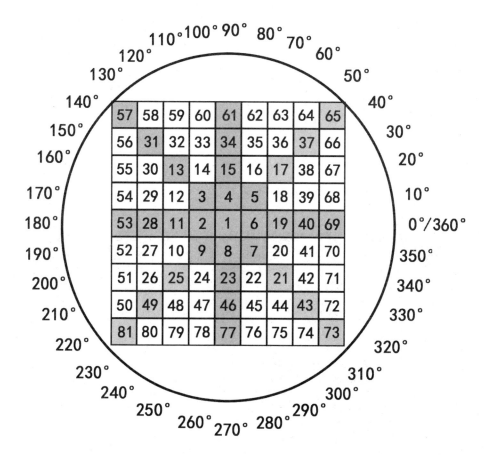

图 11-1　江恩九方图的基础模型

线、垂直线和斜线时，容易遇到支撑或者遭遇压力，使价格发生反转。敏感的时间是指当时间抵达这些水平线、垂直线和斜线时，价格容易转势。

　　九方图上有繁多的数字，可以无限延伸，初看之下，容易让人迷惑。所以，引导入门的介绍是非常重要的。

下面，我们进入正文。

<big>江</big>恩九方图由一个数字方阵和外侧的圆环组成。

数字方阵

江恩九方图的底层是一个四方形的数字方阵。想象你站在太阳上俯视一个金字塔。数字方阵与金字塔相似，中心位置的 1 代表着金字塔的顶点，金字塔的 8 条棱边代表着交叉线。

图 11-2　从高空拍摄的金字塔，显示它有 8 条棱边

事实上，只需要数字方阵，你就可以预测未来的重要价格。除了预测价格，你甚至能通过它预测未来的转折时间。你可以把它想象成一个巨大的宫殿。宫殿里有着众多的房间。每个房间都有一个数字编号。

首先，我们从中心位置 1 开始。这个中心位置标着数字 "1"。从它开始，由一系列的整数以顺时针螺旋的方式，向周围展开。

图 11-3 江恩九方图的起点

左边紧挨着 1 的就是 2。剩下的数字就是围绕着中心，以顺时针方向旋转，直到 9，这样就完成了中心周围的第一圈。

3	4	5
2	1	6
9	8	7

图 11-4 江恩九方图完成了第一圈循环

数字 10—25 构成了第二圈，26—49 为第三圈，以此类推……

这个四方形的数字方阵就像一个巨大的宫殿。宫殿里有着众多的房间。每个房间都有一个数字编号。

数字方阵上，有一些数字有着特别的意义。它们在水平交叉线或对角交叉线上。

水平交叉线

水平交叉线看起来像加号 "＋"。在图 11-5 中用灰色的水平线和垂直线表示。灰色的数字代表关键的支撑和阻力。

57	58	59	60	61	62	63	64	65
56	31	32	33	34	35	36	37	66
55	30	13	14	15	16	17	38	67
54	29	12	3	4	5	18	39	68
53	28	11	2	1	6	19	40	69
52	27	10	9	8	7	20	41	70
51	26	25	24	23	22	21	42	71
50	49	48	47	46	45	44	43	72
81	80	79	78	77	76	75	74	73

图 11-5 水平交叉线

对角交叉线

对角交叉线看起来像乘号"×"。在图 11-6 中用灰色的水平线和垂直线表示。灰色的数字代表关键的支撑和阻力。

57	58	59	60	61	62	63	64	65
56	31	32	33	34	35	36	37	66
55	30	13	14	15	16	17	38	67
54	29	12	3	4	5	18	39	68
53	28	11	2	1	6	19	40	69
52	27	10	9	8	7	20	41	70
51	26	25	24	23	22	21	42	71
50	49	48	47	46	45	44	43	72
81	80	79	78	77	76	75	74	73

图 11-6　对角交叉线

江恩的部分研究者认为，对角交叉线不及水平交叉线那么重要。

水平交叉线与对角交叉线组合起来，就像中文的"米"字。注意右侧中央的 0° 和 360°，它们重合在一起。以后我们会经常使用下图中的度数。

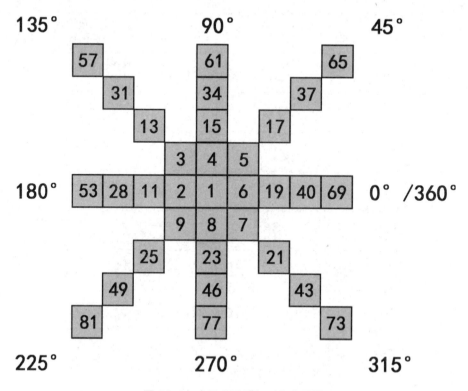

图 11-7　水平交叉线与对角交叉线

　　水平交叉线和对角交叉线上的价格，容易成为支撑位和阻力位，往往有转势的测试动作。

　　注意，在江恩的方法中，米字线是可以旋转的，就像图 11-8。

　　通过旋转米字线，你既可以预测未来的高点或低点，也可以预测未来的转折日期。

　　一只股票以 15 美元为起点，数字 15 正好在九方图的纵向轴上，当价格上涨时，我们可以推测阻力位置。从数字 15 向右旋转 45°，到达 17 后，价格继续上涨。再向右旋转 45°，到达数字 19 遇阻，我们就说 19 美元是 15 美元的 90° 上涨阻力。如果价格突破阻力，继续上涨至 23

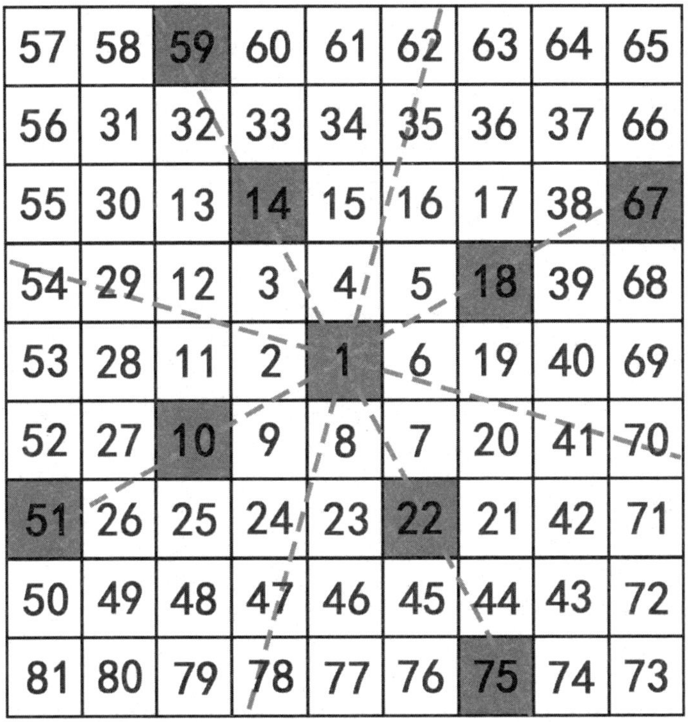

图 11-8　旋转之后的米字线，代表着新生成的压力的支撑

美元，我们就说 23 美元是 15 美元的 180° 阻力。同理，28 美元是 15 美元的 270° 阻力目标。当价格到达 34 美元时，以 15 美元为起点，就完成了一个 360° 循环。

从时间上看，水平交叉线和对角交叉线上的时间，也能成为支撑位和阻力位，往往有转势的测试动作。

圆环

圆环的 90°、180°、270° 和 360° 代表水平交叉线。
圆环的 45°、135°、225° 和 315° 代表对角交叉线。

寻找目标价位

要计算上方的目标价位：

（1）要标记出市场低点；

（2）转动圆环，让0°角度线落在标记的市场低点；

（3）米字线同步旋转。

如果你标记出一个价格低点，以顺时针方向推移，在下一条线上，你去寻找稍高一些的目标价位。从价格低点每增加45°，按照数字顺序排列，第一条线是45°，第二条线是90°，第三条线是135°，第四条线是180°……当你重新回到落在初始价格上的角度线时，就得到了360°的目标价格，以此类推。

同理，还可以计算下方的目标价位。

首先，要标记出市场高点。

关键点位-阻力	价格
45°	30美元
90°	**33美元**
135°	36美元
180°	**39美元**
225°	42美元
270°	**45美元**
315°	48美元
360°	**52美元**

图11-9 计算上方的目标价位

其次，转动圆环，让 0° 角度线落在高点。米字线也同步旋转。

如果标记出一个价格高点，你就在沿着逆时针方向推移的下一条角度线上寻找稍低一些的目标价位，记录其他角度线触及的那些比价格高点稍低的价格。

某只股票以 101 美元的价格创下了重要高点，目前价格正在下跌：如果我们把九方图圆环上的 0° 角度线与价格 101 对齐，由于数字沿着逆时针方向的推移越来越小，我们发现出现在第一条线上的价格是 96，第二条线上的价格是 91，第三条线上的价格是 86，第四条线上的价格略高于 81。此时，我们已经从 101 的高点旋转了 180°。如果我们继续沿着逆时针方向旋转，第五条线上的价格是 77，第六条线是 73，第七条线是 69，第八条线是 65。此时我们已经旋转了 360°，并回到了原点。换句话说，对于 101 美元这个高点而言，在九方图上获得的支撑点位如下图所示：

关键点位-支撑	价格
45°	96美元
90°	**91美元**
135°	86美元
180°	**81美元**
225°	77美元
270°	**73美元**
315°	69美元
360°	**65美元**

图 11-10　计算下方的目标价位

你很快就会明白如何计算目标价位，以及九方图的数字是怎样以螺旋方式探测压力支撑位的。

江恩九方图实战案例

美国钢铁公司

见证人说："在我们的见证下，江恩先生在 $94\frac{7}{8}$ 美元的价位上沽空美国钢铁公司的普通股，并声称这只股票不会涨到 95 美元。结果的确如此。在 1909 年 10 月 29 日结束的 1 周里，江恩先生在 $86\frac{1}{4}$ 美元买入了美国钢铁公司的普通股，他声称这只股票不会跌到 86 美元。结果它的最低价是 $86\frac{1}{8}$ 美元。"

将九方图圆环上的 0° 角度线放在 95 美元这一价格高点上，并计算出目标价位。我们得到的关键点位，如下图所示：

关键点位	价格
45°	89美元
90°	85美元
水平交叉线	86美元

图 11-11　计算下方的目标价位

使用九方图的这种方法，在 90° 和水平交叉线，可以推导出江恩预测的点位。

联合太平洋公司

见证人说："1908 年，当联合太平洋公司的价格是 $168\frac{1}{8}$ 美元时，他告诉我这只股票在涨到 169 美元之前会先出现大幅下跌，于是我们一直抛空，直到它跌到 $152\frac{5}{8}$ 美元，然后回补空仓并反手买入，结果在一波 18 个点的行情中赚到了 23 个点的利润。"

在九方图上追踪市场的波动，将九方图圆环上的 0° 角度线放在 169 美元这个价格高点上，并计算出目标价位。关键点位如下图所示：

关键点位	价格
45°	163美元
90°	157美元
135°	**152美元**
水平交叉线	151美元

图 11-12　计算下方的目标价位

使用九方图的这种方法，在 135° 可推导出江恩预测的点位。

美国钢铁公司

见证人还回忆了江恩的另一个案例：

"当美国钢铁公司的价格在大约 50 美元时，他来告诉我，这只钢铁股会涨到 58 美元，但涨不到 59 美元。之后，它会下跌 $16\frac{3}{4}$ 点。我们大约在 $58\frac{3}{8}$ 美元沽空，并在 59 美元设定止损。结果，这只股票的最高价是 $58\frac{3}{4}$ 美元，之后，便一路下跌至 $41\frac{1}{4}$ 美元，整整下跌了 $17\frac{1}{2}$ 美元。"

我们来看九方图的实战。

把圆环上的 0° 角度线放在 59 美元这个价格高点上，并计算出目标

关键点位	价格
45°	54美元
90°	51美元
135°	47美元
180°	45美元
225°	**41美元**

图 11-13 计算下方的目标价位

价位。

使用九方图的这种方法，在 225° 可推导出江恩预测的点位。

使用圆环寻找目标时间

使用九方图的圆环，还可以计算时间目标。

例一：某个市场在 3 月 21 日创下一个重要高点，目前价格正在下跌。

旋转九方图圆环上的 0° 角度线，将其指向 3 月 21 日这天。如果沿着逆时针方向的度数移动，接下来，一年中的时间分割日对于这个市场十分重要。

45°——5 月 6 日。

60°——5 月 22 日。

90°——6 月 22 日。

120°——7 月 23 日。

135°——8 月 8 日。

180°———9 月 23 日。

225°———11 月 7 日。

240°———11 月 22 日。

270°———12 月 22 日。

300°———1 月 20 日。

315°———2 月 4 日。

360°———3 月 21 日。

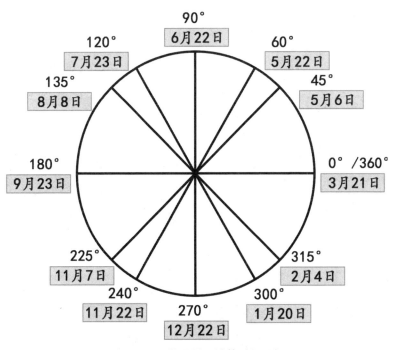

图 11-14　使用圆环计算时间目标

由于一年的循环是 360°，而一个日历年是 365.2422 天，显然日历年中的一天不等于 1°。而且，由于地球绕太阳运行的椭圆轨道，简单的日历天方法并不能精确地对准这些分割的位置。例如，你把 365.2422 天（公历回归年）分成四个季节，那么每个季节都等于 91.31 天。然而现实情况是，一年中的四个季节包含 93、93、90 和 89 个实际的日历天。所以，你需要使用形态来进行确认。

例二：某个市场在 7 月 15 日创下一个重要低点，目前价格正在上涨。旋转九方图圆环上的 0° 角度线，将其指向 7 月 15 日这天。如果沿着顺时针方向移动，接下来，一年中的时间分割日期对于这个市场十分重要。

45°———8 月 30 日。

60°———9 月 15 日。

90°———10 月 15 日。

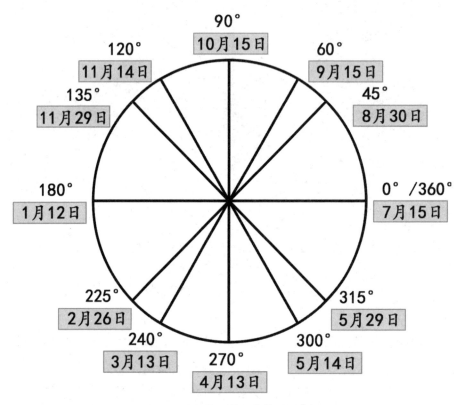

图 11-15　使用圆环计算时间目标

120°——11 月 14 日。

135°——11 月 29 日。

180°——1 月 12 日。

225°——2 月 26 日。

240°——3 月 13 日。

270°——4 月 13 日。

300°——5 月 14 日。

315°——5 月 29 日。

360°——7 月 15 日。

正如你所看到的,例二中的时间分割点与例一并不相同。它们与 7 月 15 日的低点保持一致。在例二中,你需要移动的是水平交叉线和对角交叉线,这样它们就能与这一特定的市场保持同步。

以上是江恩九方图的一种基础用法。在中高阶课程中,我们会讲述更多的九方图实战技术,欢迎关注《江恩又见江恩》系列图书。

学与练

手工小制作:旋转的九方图

我们先拿出一张透明、平整的塑料片,在上面绘制水平交叉线和对角交叉线,并且标明相应的度数。

将这张塑料纸片的中心点,钉在数字方阵纸片的中央,这样,塑料片就可以转动了,最终要形成如下的效果:

打开一只股票的 K 线图,选择一个价格低点,在数字方阵上找到这个

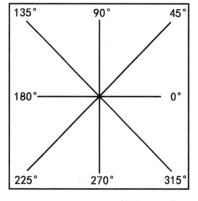

图 11-16 用于旋转的塑料片

57	58	59	60	61	62	63	64	65
56	31	32	33	34	35	36	37	66
55	30	13	14	15	16	17	38	67
54	29	12	3	4	5	18	39	68
53	28	11	2	1	6	19	40	69
52	27	10	9	8	7	20	41	70
51	26	25	24	23	22	21	42	71
50	49	48	47	46	45	44	43	72
81	80	79	78	77	76	75	74	73

图 11–17　旋转的米字线

价格低点的数值。将 0° 角度线对准这个数值。你会发现，米字线上的数字，常常构成压力和支撑。

延伸阅读

逆时针螺旋

江恩偶尔也使用逆时针螺旋。螺旋的方向是逆时针方向，因为江恩喜欢将星象图叠加在螺旋图上，并且大多数星象图都逆时针旋转。

第十二章　江恩谈"风险管理的 9 种方法"

威廉·戴尔伯特·江恩

William D.Gann

1878. 6. 6—1955. 6. 18

不论你的预测能力有多强，市场都能与你的预期完全相反。

——江恩

167

导 读

天有不测风云。当交易不符合预期，我们要使用提前准备的风险控制方法，限制损失。阿莫斯·特维斯基和丹尼尔·卡尼曼发现，多数人在处理盈利时是风险回避者，而面对损失时就成了风险偏好者。在市场中，他们会把盈利的仓位早早平仓，同时，死抱着亏损的仓位，甚至亏损加仓。交易者都有这种天然的心理倾向。要想成功，就要控制这种"亏损加仓，小赚即出"的天然反应。

此时，相对安全的金融工具就派上用场了。在《如何从期权交易中获利》一书中，江恩指出，买入看涨和买入看跌期权的优势在于风险有限。但是，在期权交易中，你只需要支付期权的价格，损失的最大值就是期权的价格，而如果你如愿以偿的话，在扣除了买入期权的成本之后，就拥有获取无限利润的潜力。江恩既懂人性在金融市场的反应，又懂得使用合适的金融工具。作为一代宗师，他的交易方法相当华丽。

下面，我们进入正文。

江恩说:"面对千变万化、捉摸不定的市场,任何一个人都可能犯错误,甚至是严重的错误。在亏损之前,我们就要为必然面对的亏损做好准备。如果亏损额偏大的话,你很难遵守纪律。成功者懂得如何处理错误,不使其继续扩大;而失败者因为犹豫不决,放任错误发展,结果造成更大的损失。"

方法一: 要考虑最糟糕的状况

江恩说:"如果没有充分考虑,当最糟糕的事情发生时,交易者会不知所措。例如,交易所突然改变了交易规则,或者因为爆发了战争,从而使市场突然下跌甚至闭市,持续良好的趋势突然发生了改变。所以这就需要接受预测失败的事实,控制损失。"成败在于,用正确的方法勇敢地纠正错误。正视自己的错误,不要抱怨市场。

方法二: 计算风险的大小

江恩在《从商品期货中获利》一书中还写道:"大宗商品交易不是一些人认为的赌博生意,而是根据商业原则进行的实用、安全的生意。"不要让风险超出你的承受能力。确定风险之后,你需要确认进场的位置,还要计算合约的数量,明白在正确的市场条件下才能加仓。不要因为赚了钱就随意加仓。

方法三：设置止损单

在《选股之器》第二章中，江恩说："当股票走势与你的判断相反时，总有一种办法可以帮到你，那就是下一张止损单。当你买进一只股票时，考虑在买入价下方的 1、2 或 3 个点处设置止损单。这样一来，你在外地或者与经纪人无法联系时，如果发生价格急挫的意外事件，价格下跌到止损价位时，股票就被自动卖出。这就把你的损失限定在一定的范围。"

方法四：确定连续亏损下的损失

假设单笔交易的最大亏损是总资金的 1%，而且一天连续性的亏损最多可出现 3 笔。如果你连续亏损，到第 30 天时，你账户里面的钱就全部完蛋了。

连续亏损的遭遇是交易者必须面对的。因为市场恐慌会让交易者持续亏损。江恩说："1932 年的春天和夏天，希望被绝望取代。当股票已经跌到一个看上去不可思议的低位时，它们竟然又继续下跌了 25—50 点。这让所有的买家看不到一点希望，他们都很沮丧，恐慌挤走了心中原有的希望。他们怀着最悲观的心情，卖光了手里的所有股票。有一些人被迫卖出股票，因为保证金不足，无法再持有那么多的股票。另一些人害怕价格一跌再跌，在恐慌情绪的感染下，没有理由地卖出股票。"

对于持有股票的多头来讲，最怕遇到这种连续不断的大熊市暴跌，这会让多头连续亏损。如果你采用了江恩的风险管理方法，即使连续多笔亏损，也不会遭遇惨重打击。江恩不亏损加仓，从而避免了大量仓位被对手围歼的惨剧。他是趋势交易者，与逆势相比，降低了连续亏损的次数。他只使用小的初始仓位，第一次试探市场，派出的都是小规模的"侦察兵"，主力资金并没有进入战场。第一笔单子出现赢利，第二笔单子才顺势进场。如果市场与预期不符，第二笔单子可能小赚或小亏出场。第一笔单子早就使用持平止损单保护了利润。即使遇到大规模的跳空缺口，江恩也通过投资组合和期权等工具，控制着风险。

晋源解读

让我们请看图 12-1。

江恩在亏损后会砍断仓位，不再加仓。假设江恩开头有 10 元钱，做了第一次交易，上来就亏损了，此时他会止损。第二次交易继续亏损，他接着止损。即使遇到持续止损，他的亏损也会缓慢。

新手亏损后，往往出现一个自然的交易动作。他会不由自主地补上一笔单子，然后看市场反应。因为进行了一次亏损加仓，这类新手的亏损要大一些。

最严重的是，持续地亏损加仓。假设你开头有 10 元钱，做了第一次交易，上来就亏损了。你忍不住，开始亏损加仓。加仓之后，价格没有按照你的预期反转，于是，你就每次都用同样的数量，继续亏损加仓。只玩到第 4 次，你就被淘汰出局了。

	起点	第一次	第二次	第三次	第四次	第五次	第六次	第七次	第八次	第九次
江恩的止损图	10元									
		9元								
			8元							
				7元						
					6元					
						5元				
							4元			
								3元		
									2元	
										1元
新手的重仓止损图	10元									
		8元								
			6元							
				4元						
					2元					
亏损加仓的止损图	10元									
		8元								
			5元							
				1元						
					-4元					

图 12-1　在连续止损情况下，江恩的防守做得更好

　　江恩的金字塔式交易策略有一个优势：当市场走势与预期不一样时，从不亏损加仓，使损失最小；当市场走势与预期一样时，盈利加仓能够获得更多的利润。

方法五：面临重大挫折，先休息

　　不过，在急剧下跌的市场，如果不幸发生了快速的亏损，交易者的思维通常变得混乱。此时，不能盲目交易，否则容易破产。当资金出现重大亏损时，你应该考虑休息。江恩提醒交易者要预备一个灾难账户。

方法六：建立灾难账户

　　在《趋势交易与探测器》第七章中，江恩说："资金安全是首要之事。积攒了大笔盈利资金后，你要建立一个储备小金库，以备不时之需。将这笔钱存入银行，也可以购买债券或者国债，获取高额利息。"
　　在大幅盈利之后，转向安全投资是对的。然而，许多家庭却遭遇了重大风险——去高风险市场赌博，这与江恩的建议背道而驰。

方法七：不要把财富交给鲁莽的家人

　　江恩说："很多男人都把大量的财富换成年利率 4.5% 甚至 5.5% 的金边证券，留给他们的妻子。金边证券是保险，是为了保护本金，而不是追求大笔的收益，毕竟守住眼下的财富就够了。部分女人则想要得到一大笔收入以维持生计，她们会因为投机类证券回报高，而把这些金边证券卖掉，接着去买进投机类证券。结果几年之后，她们发现不但没有获得收入，还损失了一半的资本。人类的赌博心理非常强，不到万不得已的时候，永远不会想到资金安全。他们总是听信那些债券推销员所编的故事，而这些快速致富的阴谋家们总是利用人们的欲望，把他们安全的投资，换成投机类证券去赌博。结果呢，十有八九以亏损告终。"

在《市场真理与规则》一书中，江恩说："资本总要依附于知识。就在几年前，由于突发事件，我的一桩经纪业务意外失败了，我把自己的钱都赔进去了。我没有钱，可我的交易知识就值数十万美元，很快就能把它们兑换成现金。短短几个月后，我用很少的资金把钱赚了回来，在这期间，我还研究了一种可以用来预测市场的数学方法。"

方法八：不要频繁交易

许多交易者不关心企业的长期前景和赚钱能力，只是利用价格的短期波动，在几天里来回赚价差。便是这类短线交易容易陷入价格拉锯战，产生高额费用，使人既容易损失金钱，又丧失信心、精神疲惫。很多人追求一夜暴富，尝试着短线交易，但是无论体力还是精神都备受折磨。江恩并不鼓励交易者进行频繁交易。

方法九：使用期权

买入看涨或看跌期权，风险有限，又让交易者具备了长期作战的能力。如果价格陷入了长期深跌，那么，买入期权的持有者可以放弃执行买权。他的最大亏损额就是原先的期权价格。不必追加保证金，以买入期权的方式控制风险，独具魅力。

持有期权，在期权到期之前，我们都有机会获利，可以安然地度过价格不利于自己的时候，也不必自始至终地盯盘，这就大大降低了交易的紧张程度。期权能让交易者预知风险，有较大的时间缓冲余地，同时，还拥有无限获利的潜力。

关于期权的奥秘，江恩已经写在《如何从期权交易中获利》一书中了。

总之，每个交易者的交易方法有所不同。他们可能采用了不同的时间周期、买卖信号，取决于各自的具体情况，然而，资金管理的主要原则，以及应对风险需采取的行动，往往是一样的。

第十三章　江恩谈"交易心理的9种现象"

威廉·戴尔伯特·江恩
William D.Gann
1878. 6. 6—1955. 6. 18

我会认真检查，寻找亏损的原因。

——江恩

导　读

对比以下两种心理，试问哪一种情感更强烈？

贪婪："哎呀，我真希望多买一些，这样就能多赚几十万元，房子能换大一些的。"

恐惧："哎，如果再往下跌，我就要一无所有了。我连住的地方都没了，老婆逼我离婚，我还要去垃圾箱捡纸壳。"

恐惧要远超过贪婪，这也就是为什么市场下跌速度超过上升速度。赚点小钱就平仓，是担心有限的利润又倒回去，最后又赔钱了。所以，打开交易记录，就能看到大钱拿不住，只能赚小钱。这就是恐惧胜过了贪婪。长时间守住你手中的筹码，并且不断加仓，对于所有人来说，都是难以做到的事。因为人的本性会不停地告诉你，不管盈利多少，赶紧落袋为安。你有过多少次复盘，在看牛市图表时，总是回想：行情我都预测对了，按我的计划操作，赚钱会多轻松呀！然而，你在实战中的交易决策，有多少与你的计划是一模一样的？就像第一次下水的游泳者一样，虽然你对着教学视频在平地上练了很多次，一旦把你扔进水里，手脚却不听使唤！

本章将有助于解决交易心理的问题。下面，我们进入正文。

江恩遇到挫折时，总是找出自己的问题，从失败中学习。实际上，成功的交易者也经常面临亏损，甚至持续的损失。他们面对损失，也能有条不紊地执行交易规则，对损失有预期，并有处理的措施。交易者必须在竞争、快速变化和充满敌意的环境中承受压力。在这种环境下，许多超出控制的因素都会影响你。交易者还必须处理信息过载的问题：洪流般的各种碎片信息，让你眼花缭乱。

现象一：胜利者坦然面对亏损

交易者面对犯错，有两种分化的心态。大多数交易者赔钱之后就变得抑郁。失败的交易者在损失金钱的同时，也失去了积极的心态。

江恩面对挫折，持有积极的心态。

江恩说："我在1902年24岁时开始交易，面对着人性的希望、恐惧和贪婪，结果赔钱了。我在交易初期，出现过40多次重大亏损。在遭遇重大亏损之后，我都会总结，从未失去勇气。多年以前，为了研究和试验预测方法，我常常在错误的时刻入市，赔了很多钱。我会认

图13-1 逃避困难的鸵鸟心态

真检查，寻找亏损的原因。这样，每次损失都能让我受益匪浅，并且完善了自己的预测和操作方法，最终大获成功。"

江恩并不讳言自己的亏损历史。他在早年讲解振动法则时说："过去10年中，我全心投入投机市场，亏了好几千美元，经常碰到收益时好时坏的情况。如果没有储备好知识，新手必然会经历这种情况。"

晋源解读

失败者回避亏损，胜利者处理亏损。

你可以研究交易日志来处理亏损。它包括你的交易记录、交易原理、执行结果。积极地总结，形成一个积极的反馈循环。这样，你的交易水平可以不断提高。要想追求卓越，需要拥有两个东西：一个是卓越的技术，另一个是积极的思维。交易是心理游戏，如果执行策略的人意志不强，全世界最好的策略都是没用的。只要完全按照计划做事，任何人都能赚钱。但是，只有少数人会严格按照计划行事。

现象二：用操作法则提升信心

江恩说："在实践中逐步磨炼，不断研究和应用我的操作法则。在与市场的互动中，加强对我的法则的理解，这样你才有信心，有勇气。这份信心和勇气是旁人无法给你的。一定要建立正确的买进或卖出标准，懂得买卖股票的背后原因。然后，通过止损单控制预测失败的风险。这样，你就不必强迫市场按照你的意愿走，也不害怕市场和你的预测完全相反。因为你清楚，无论市场怎样变化，你的损失很有限，就算是击中了止损单，你也以在以后赚回来，并且赚得更多。"

江恩的规则得到了实战的验证。以他的规则为基础，建立策略，制订计划，可以避免很多错误。交易不是随意而为的鲁莽行为。忠实地遵守法则，这是培养积极交易心理的最佳方式。江恩通过自己的著作，让你从内心理解他的交易原理。这样，无论市场如何运行，你总能找到来自江恩的策略方法。这就是来自经验的信心。

现象三：大亏套牢，小赚即出

江恩说："遵循我传授的法则，你就能获得丰厚的利润。可是，真正知行合一的人，千里挑一。这是因为人性的弱点，大多数的交易者是被自己击败的。虽然他们经常看到机会，但行动时机往往太过迟缓。他们还受到期望心理与恐慌情绪的双重影响，当被套时，死抱着股票，盼着解套，而不是及时止损出局；当有了一些账面浮盈时，又会毫无理由地赚些小钱就平仓，不会等待趋势发生明确改变后再离场。"

当市场缓慢下行时，看涨的人看着他们的钱一点点被蚕食。经过

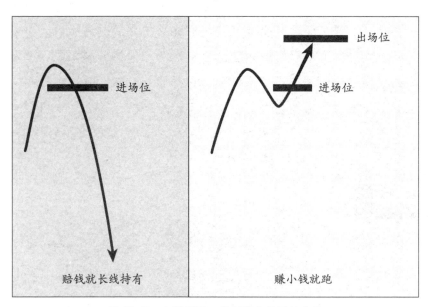

图 13-2　人性原因，总是持有亏损的仓位

了这样长时间的煎熬后，人性会逼迫我们把手里的股票都卖光。然而过后通常会发现，我们在市场的底部卖出了股票。精明的交易者正在等待这样的机遇买走我们的股票。当市场缓步上移时，我们容易犹豫，直到市场出现最后的泡沫时才买入。这也是人性使然。一般来说，这能赚到几个点？不过，在市场随后出现的急跌中，由于情绪恐慌，我们往往把股票亏本卖掉了。

即使是同样的交易方法，结果却大相径庭。有些人能够勇敢又忠实地执行交易信号。有些人却下不去手，特别是自己输不起的时候，一定会被恐惧的情绪掌控。所以，要懂得人性，遵守交易纪律，并且选择适合的金融工具，例如江恩推崇的期权，"砍断亏损，让利润奔跑"。

现象四：放松地交易

当交易不需要必须成功的时候，交易者就处于最佳状态。成功的交易者倚靠那些小额交易，即无论成败，都不会带来重大经济影响的小额交易。长寿又成功的交易者并没有什么传奇的交易故事。每一笔交易的风险最多不过是资产净值的百分之一。他们普遍采取一个富有价值的交易心理学模型：把事情简单化并做好，然后持续去做。交易信心既不是来自积极的思考，也不是来自雄心壮志，而是来自平静地面对失败的能力。当交易者对结果无所牵挂，交易就变得轻松愉快，有成就感，他的操盘动作就不会变形。

晋源解读

瓦伦达是美国高空走钢索的著名表演者，在一次重大表演中，不幸失足身亡。他的妻子事后说："我知道这次一定要出事，因为他上场前总是不停地说，这次表演太重要了，一定不能失败。以前他只关注走钢丝时的技术动作，不去理会表演的结果。但是最后一次，他太在意结果了。"在世界杯比赛中，越是大牌的球星，越容易失误。当球员击球前，一再告诫自己"不要把球射偏"时，结果往往事与愿违，这个时候球经常会射偏。无论交易还是其他竞技，都要放松心理。检查自己的心理负担在哪里，然后卸掉它。

图 13-3　1994 年世界杯决赛，射失点球的巴乔

现象五：休息充分，判断清晰

江恩说："哪一行都需要健康的身体。在投机市场上，健康同样是一笔巨大的财富。一年当中，至少休息两次，停止一切交易，彻底抛开市场，休养一段时间。这样，你的判断力将更加清晰。如果长期紧张，得不到任何休息，你的判断力就会出现偏差，总是片面地看待事物。"许多积极的交易者都擅长休息，参加一些健身活动，建立强健的体魄。长时间保持注意力，体力就极其重要了。

现象六：顺势交易才轻松

江恩说："你一定要记住，永远不要逆势而动。当你判别出股票的趋势后，无论盼着它涨还是害怕它跌，你都要顺势进行操作，不要受自己情绪的影响，只有这样你才能够获得成功。"

在长期牛市中，有些交易者逢低就加仓，这种买法在大牛市中总让他赚钱。熊市来了，他在完全不同的情况下亏损加剧。尽管下跌趋势证明他的交易方式已经失效，但是他仍持续地亏损加仓，压力越来越大，结果以爆仓告终。

现象七：市场噪声难以抵挡

江恩说："远离报价机。入场交易时，就要有事先制订的交易计划，把报价机和经纪人都放在一边。如果你判断出错，止损单会让你顺利出局。判断正确，你的盈利会照顾好自己。"一旦进入真实的市场，面对价格的波动，交易者难以保持理智。所以，当你面临阻力，被市场干扰的时候，离开屏幕。休市之后，你再研究市场，制定策略和计划。

许多交易者担心错过行情，牢牢盯着屏幕，并且直接下单。他们不想制订交易计划。然而，脱离计划，随意交易，违背规则，有着巨大的风险。

依据江恩的规则制订计划。江恩既不亏损加仓，也不妄断行情。他的计划是保守、安全和可靠的。江恩说："制订明确的计划，在买卖股票时，你要下定决心，严格遵循交易法则进行操作。在我的几本书中所提及的交易法则都是实用有效的。你只需用很短的时间，就可把这些交易法则用于实战。"来自江恩的交易计划就是锚，风浪大的时候你最需要它。计划是对付贪婪和恐惧的良药。

图 13–4　海妖塞壬用歌声迷惑奥德修斯

《奥德赛》里，奥德修斯在特洛伊战争之后返回家乡，他必须经过海妖塞壬的水域。塞壬的歌声优美动听却极具魅惑，听到歌声的人都会跳海自杀。奥德修斯用蜡封住船员的耳朵，然后把自己锁起来，捆在桅杆上。这样，他就能听到海妖的歌唱，又能避免自杀，因为他知道自己的意志力不足以抵御塞壬的诱惑。同样地，一些成熟的交易者通过旅行或者其他方式，来抵抗市场噪声。

现象八：受伤后就要离场

如果连续两三笔交易都不利，最好退出观望一段时间，等到市场出现了较为清晰的走势、你的把握更大时，再进场。离开市场的判断，总要比身处市场时更理智，此时你不会被期望和恐惧左右。但前提是，你必须系统地学习江恩的知识，才会拥有正确的判断力。

江恩认识一个大获成功的交易者。江恩说："他一年只交易五六次，在冬季或者早春时节，他买进一些股票，如果像预期的那样上涨了，就卖出获利。然后，他暂时离开市场，有时甚至长达几个月。到了夏天，如果再次看到进场的迹象，他就会入市。他跟踪价格，当股票连续上涨几个月时，他会稳定地拿住股票，一旦看出行情即将结束的苗头，就获利平仓，兑现所有利润，像大雁一样，去阳光明媚的南方去。整个冬天，他都待在佛罗里达打猎、钓鱼，然后，再到阿肯色州泡温泉。等他回到纽约时，很健康，又能够全身心地交易了。"

现象九：连续成功之后不要自负

江恩说："当我们取得了一些成功后，会越来越自负，认为市场会听从我们的意愿，这种想法很危险。"

江恩说："芝加哥的莱特曾经聚敛了大量财富。后来，他试图操纵小麦市场，并且把小麦价格从每蒲式耳 1.00 美元抬到了 1.85 美元。莱特深信，绝不会有大量小麦涌入芝加哥来压低价格。然而，阿默动用了特快卡车，运来了大量小麦，打破了莱特的垄断。天有不测风云，不要迷信金钱的力量和妄想垄断市场。"在江恩看来，"市场并不想击垮交易者，而人性的弱点会打败许多人。一定要消除自身的臆断和猜测，不要仅靠期盼股票上涨就买入股票，或者因为害怕价格下跌就卖出股票。成熟的交易者会跟随趋势，对市场亦步亦趋"。

在交易领域，过于乐观的想法常常导致你付出巨大的代价。市场才不管你对某只股票或期货乐观与否。学会钟爱小额损失，如果没有遭受小额损失，可以肯定地说，你将来一定会遭受巨额损失。

晋源解读

最初的损失往往最小，开始时损失还不太严重，这通常是最佳认赔的时机。如果损失不严重，你还能容忍。可是，如果继续恶化，你就不假思索地出场了。一个人手头可能握有最精妙的技术分析工具，然而受到个人心理的影响，在交易中也不可能赚到钱。如果想在交易中获得成功，你必须非常清楚自己是如何做决定的。个人在交易方面很可能高度情绪化。所以，交易计划非常重要。不在市场的时候，交易者的头脑是最清醒的。一旦进入交易当中，交易者的情感也掺杂其中。正因如此，交易者应该在进场之前，做出详细的计划，合理设计进场点和离场点，对交易全程做好控制管理，未雨绸缪。

第十四章 江恩谈"资金管理的 12 种技术"

威廉·戴尔伯特·江恩

William D.Gann

1878. 6. 6——1955. 6. 18

限制亏损比大赚还重要。

——江恩

导　读

　　江恩 1906 年就开始担任经纪人，发现很多客户缺乏资金管理的技巧。他们渴望一夜暴富，一次性地建立了较重的仓位，并且他们的心理承受能力有限，随着行情起伏，账户不时出现大亏，最终身心疲惫，亏损出局。其实，他们对于价格的预判，事后验证往往是正确的，只是使用资金时太过急躁，屡屡出错。使用江恩的资金管理方法，能让亏损最小化，并在市场符合预期时，让我们获得更多的利润。

　　下面，我们进入正文。

业余交易者和赌徒往往一开始就投入重注，而真正的赢家起初会采用小型试探单和小损失来探测市场。如果市场证明第一笔试探单是正确的，他们再顺势加仓，从而获得成功。在江恩看来，最糟糕的就是过度交易，其次是不下止损单，第三个致命错误就是亏损加仓。这是资金管理中的三种典型错误。

防守技术一：避免大亏

江恩说："限制亏损比大赚还重要。所以，你要尽量守住你的本金。因为一旦失去了本金，你就无法交易。"

守住宝贵的本金，因为弥补亏损更费力气。如果亏损 20%，必须用余下的本金赚取 25% 的利润，才能赚回本金。

本金为 10 万元，损失 20% 就剩下 8 万元。将 8 万元变回 10 万元，必须获利 2 万元，正是账户中剩下 8 万元的 25%。

同理，亏损 $\frac{1}{3}$，必须赚取 50% 的利润才能持平。

亏损 50%，必须赚取 100% 的利润才能回本。

保护好本金，限制大的亏损，远比追求暴利重要。这样，你才能一直交易下去。

交易者觉得理解了市场，认为大的机遇来临。于是，他放开了止损空间，准备奋力一搏。然而，市场对他不利，明明已经产生相当大的亏损，他却坚持认为这是补仓的机会，增加了更多的仓位，结果市场继续与他的想法反向而行。最终这位交易者巨亏出场，或者被强行平仓，输光出局。

防守技术二：不要一次性全额买入股票

江恩说："股票的运动方向可能与你的预期完全相反，一次性全数买入股票的方式一点好处都没有。无线电普通股在 1929 年 3 月攀升到极高的 549 美元。当时大家做梦都想不到它会跌到 2.5 美元，那时能这样想的人是凤毛麟角的。然而，这只股票在随后的 32 个月里，就跌了 546.5 美元，跌幅最为惨烈。它印证了一件事，永远不要一次性全额买入股票，它可能让你赔个精光。"

江恩说："如果把投机或投资当成事业，大概经过数年你就能积累一笔财富。如果把这当作赌博，幻想毕其功于一役，你肯定会赔光，只剩下一点点残想。"

晋源解读

职业交易者应在每一次交易上，仅冒很小的风险，每次交易承担最大 2% 的资金风险，已经是一个比较主流的标准。如果你的可用资金是 20000 元，每次交易的最大资金风险应该是 400 元，也就是 20000×2%。

防守技术三：从小额账户开始

江恩说："先从小额资金开始。只要运用止损单，只允许发生小额损失，并且不过度交易，你可以用这笔资金操作很长时间，而不会亏光。"

江恩说："对于价格处于 15—30 美元的股票，你可以从 1,500 美元开始。第一笔交易，你的止损单不要超过2个点距离，限制在1个点之内更好。你要找到符合这样条件的市场机会。对于价格超过100美元的股票，你需要4,000美元的资金，并且严格遵守所有规则。尝试开始你的第一笔交易，如果可能，将止损单设在不超过1或2个点的位置。"

晋源解读

要想使用窄幅的止损单，必须找到极好的进场位置。杰西·利弗莫尔曾经使用小额账户，进行了一次经典操作，具体请参阅齐克用先生的《股票大作手回忆录讲解》。

杰西·利弗莫尔白手起家，获得了惊人的财富。他是华尔街历史中的真实人物，被称为"华尔街的大熊"。和江恩一样，利弗莫尔也擅长使用小账户翻倍。他与江恩的年龄相差不到一年。

图 14-1 杰西·利弗莫尔

防守技术四：使用止损单

计划交易时，你应该先停下来想想：你愿意亏多少钱、愿承受多少亏损、止损点的适当位置在哪、如何及何时调整止损点、用哪种止损点。江恩说："止损单是古老的控制风险技术，不要忽略止损。"

防守技术五：不要亏损加仓

江恩说："遭受损失时，接受并认赔。迅速接受小额亏损并及时退出，判断就会准确得多。你会找到再次进入市场获利的机会。如果一笔交易一开始就错了，为什么还要亏损加仓呢？如果市场一直和预期相反，你不要拼尽全力亏损加仓，使形势继续恶化，趁着为时不晚，迅速止损。"

晋源解读

期货市场，如果走势与你的预期相反，为了保持这个仓位，由于人性，你会产生亏损加仓的天然反应，不由自主地追加更多的保证金。当期货市场剧烈波动，亏损加仓就会产生巨大的风险。

防守技术六：不要过度交易

江恩说："永远不要过度交易，这会破坏你的资金使用规则。"频繁交易，能够迅速增加费用，效果却未必好。另外，在一只股票上，一次性投入过大的资金，同样属于过度交易。

许多鲜活的案例，证明了过度交易的重大伤害。在 1929 年大股灾中，大家都觉得只要炒股就能赚钱，根本不会考虑损失的可能。他们甚至借钱炒股。某人买到某只股票的 100 股，心中马上盘算，上涨 10 元，会给他带来多大利益，但这仅有 1,000 美元的利润，不够，获利太慢，于是，最简单的办法就是增加仓位，增加到 10 万股，心里计算的利润就是 100 万美元。但是他完全忘记了，如果股市不涨而下跌的话，他可能遭受的损失也是乘以 1,000 倍的，完全忘记了一旦闪失，未来许多年就要负债度日，需在焦虑、挣扎和绝望中度过。一定要避免过度交易。

晋源解读

　　量化大师西蒙斯采用频繁交易的"壁虎交易法"，借助于超级计算机的辅助。他是数学家出身，擅长建立交易模型，这些优势都是常人不具备的。

防守技术七：使用复利

江恩说："人们总想着通过投机，获取比其他生意更多的利润。做其他生意每年获利 25% 就满足了。可是到了华尔街，一个人即使每个月利润翻番，他也不会感到满足。很多人从银行只拿到 4% 的利息，然而来到金融市场，投入 1,000 美元，就希望过两三个星期就能翻倍。这种人总是不能如愿以偿。在投机市场上，不要渴望一些不可能发生的事情。要把投机当作一门生意，而不是赌博。不要倾尽全力赌上几笔，亏了就仓皇退出。务必耐心一些。如果第一年用 1,000 美元翻番，并且连续 10 年都是如此，你就有望成为百万富翁了。"复利就是把赚到的钱再次投资，这样你才能成为江恩谈到的有钱人。

财不入急门。先做好职业生涯规划，用生活中的闲钱来投资。永远不要借钱炒股。

防守技术八：亏损后降低风险

在趋势市中，出现盈利后就要追加仓位，出现亏损后就要降低风险。这就是"盈进输缩"。江恩说："如果你开始时承担的风险是每次1.5美分/蒲式耳，当你连续3次亏损造成资金缩水，那么在下次交易时，只承担亏损1美分/蒲式耳的风险。"

以上8种防守技术，都是交易者可以主动控制的。下面，我们谈谈进攻技术。市场可以与我们的想法完全相反，也可以符合我们的预测。当市场走势显示我们预测正确时，就可以使用进攻技术。

进攻技术一：持平保护利润

进场后出现盈利，移动止损单，保护盈利。

江恩说："当股票出现盈利后，调整止损单，把它设置在你的成本线或者稍有盈利的价位上。这样，你就控制了风险。如果交易继续朝着有利的方向前进，你用止损单来继续跟进，保护更多的利润。"

"人心容易贪婪，希望赚得更多，常常满怀期望地持仓，直到最后利润变成了亏损。这种亏损可是一种非常糟糕的事情，如此行事的人最终是不会获得成功的。始终用止损单来保护利润。"

进攻技术二：趋势有利时耐心持股

江恩是趋势交易者。他说："行情对你有利，就要耐心持有，直到出现很好的离场理由，绝对不要一有点利润就马上平仓。看一看图表，弄清趋势再采取行动。如果趋势尚未确定，那就耐心等待好了。"

无论你有多少资金，最重要的是始终顺应趋势，而不是逆势操作。江恩说："如果你按规则在江恩角度线的顶部或底部，以及双重、三重顶部或底部进行买卖，爆仓绝不会发生。一般交易中很少出现连续 3 次亏损。"

晋源解读

这是关键——在趋势市中，很难连续 3 次止损，风险容易管理。

上升趋势中，价格稳定地向上移动，底部和顶部逐渐抬高。在这种上升趋势中，价格难以迅速下跌，通常盘整之后再创新高。所以江恩提示说，趋势有利时，要耐心持股。受到利润的诱惑想要平仓时，想想如下几个问题："趋势还在继续吗？""我需要这笔钱吗？""我必须卖出吗？""我为什么要急于获利呢？"

作为趋势交易者，在有利的趋势中持股是对的。这也意味着，如果看错了趋势，不幸进行了逆势操作，就要尽快离场，耐心反而让逆势交易者受到更大的伤害。顺势有利时耐心持有、逆势不利时迅速退出，就会获得成功。

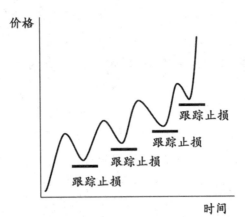

图 14-1　随着上升趋势，不断提高跟踪止损位

进攻技术三：金字塔式加仓

江恩说："只根据趋势指标进行金字塔式加仓。"建立仓位之后，交易者必须持续跟踪趋势，顺势而行，如果趋势符合预期，就要继续加码，从市场中赚来的利润不能被闲置，要继续扩大自己的交易量。

江恩说："不要在长期攀升或下跌之后，就急于进行金字塔式交易，此时的时机并不有利。等待长期运行之后走势逐渐平稳下来，这样，下一轮重大行情才有了基础。出现确认趋势的第一次攀升或下跌时，才能开始金字塔式交易。"

江恩说："当你有了盈利，开始加仓时，就要逐渐地金字塔式加仓，防止市场突然反转而出现大亏。很多交易者在牛市初期就开始交易，并且积聚了大量的利润。在股票最后接近顶部时，这些人累积了丰厚的利润，如果出现大规模的获利平仓，价格就会急转直下。这样，当上升趋势反转后，由于你持仓过重而被套牢，不仅损失了之前所有的利润，还可能把本钱赔进去。"金字塔式加仓将整体成本控制在较低的位置，就是为了防范这种骤然的趋势反转。

在金字塔式交易中，要警惕趋势的反转。江恩说："有一件事不能忽略，就是股票朝着有利的方向前进了 3—4 个波段之后，趋势就容易被逆转。"

江恩说："如果做第一笔交易时不利，证明判断出错，你需要做的就是快速退出。当市场朝着有利的方向前进时，才是你承担额外风险的时候。正在盈利时，加仓是合理的。亏损时，如果想加仓摊低成本，可能损失越积越大，进而犯下严重错误。这一错误早晚会把全部资本都赔进去。"

由于惧怕在拉锯阶段持有沉重的仓位，交易者往往不敢考虑金字塔式交易方式。对于进行金字塔式交易的人来说，他必须忽视短期可能出现的不利情况，把注意力放在市场的长期潜力上。金字塔式交易者需要耐心等待趋势的发展，应用长期图表来规划金字塔式交易。月线图和周线图通常为金字塔式交易提供良好的参考位置，这些图表使交易者可以看到哪只股票正在极端价位，因此最可能产生下一个长线的金字塔式交易。

进攻技术四：以利润承担风险

江恩的交易记录显示，当市场持续深跌，并进入历史低价区时，可以将空单获利平仓，转而做多。由于持有的做空仓位已经有了大的获利，可以用市场中赢来的利润去承担风险。

总之，资金管理是调动资金的艺术，相当于将帅的排兵布阵。就算准确地判断对了方向，但是资金不足，超出所能承担的亏损范围，你也会陷入困境。即使你具有良好的预测方向的能力，也要重视资金管理。

第十五章 江恩谈"成交量的4种变化"

威廉·戴尔伯特·江恩
William D.Gann
1878. 6. 6—1955. 6. 18

　　成交量是推动价格上涨和下跌的动力。价格上涨或下跌，成交量必定发生变化。成交量就好比蒸汽机车的蒸汽、汽车的汽油。市场出现大行情时，必定有人在底部或顶部买卖数量庞大的股票。因此，需要仔细研究成交量、派发所需时间和成交量推动的涨跌点数。

——江恩

导 读

股票有时非常活跃，交易量很大，另一些时候，股票交易几乎完全停顿，成交量很小。江恩发现振动法则主宰了这一现象。成交量通常被人忽略，却能提供有用的信息。例如，大成交量有时能够显示上升趋势结束的信息，这就是"天价天量"。小成交量能够提示下跌行情的结束，这就是"地量地价"。成交量反映了股票的供需关系，而供需关系决定着价格的变化。所以，江恩提醒交易者应研究每天、每周和每月的成交量，这对交易有很大的帮助。

下面，我们进入正文。

在哪里查看成交量呢？在江恩所处的时代，无论职业交易者、大众投资者，还是其他股票供需方，只要是大笔的买单或卖单，都被登记在报价带上，并显示在交易量一栏中。如今，打开证券行情软件就可以轻松查看成交量。认真研究成交量，能让你非常清晰地判断趋势的转变。除了成交量，江恩说："你再结合我的其他法则，去研判个股走势，这会让你受益匪浅。"

一只上涨股票的案例

股票想要不断上扬，底部和顶部会逐次升高，直到股票到达高价区，使得卖出力量非常强劲。这个时候，股票供给数量巨大，然而需求却不足以吸纳这些股票，价格自然地就会出现回撤。当价格下跌，买方就会投入资金再度进场，股票供不应求，继续上攻。

我们来看江恩谈论成交量的例子。

江恩说："1933年10月，西屋电气处于强劲的上升趋势，随后长时间地缩量窄幅波动，这是蓄势的信号，其间价格也从未跌破过 $28\frac{5}{8}$ 美元这个低点。1934年2月，西屋电气涨到了 $47\frac{1}{4}$ 美元，成交量又一次放大。"

通过成交量判断价格见顶的法则

江恩谈到了成交量的四条法则。

第一条法则：个股在任何一次漫长的牛市行情末尾，或者快速上涨快结束时，通常成交量会很大，它标志着这波行情的终结，至少也是暂时告一段落。接下来，个股在沉重卖盘打压之下就会有一波急跌，当随后出现中级调整性反弹的时候，成交量应该在缩减，这就显示该股已经见到了此轮行情的最后一个顶部，以后的大趋势将是掉头向下了。

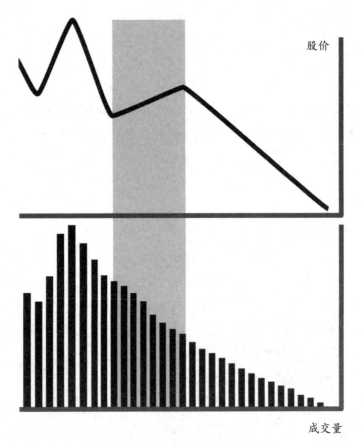

图 15-1　反弹无力，成交量递减

　　江恩说："在大牛市中，股票达到派发阶段时，就会出现大幅振荡，成交量就会达到所有净发股本总量的好几倍。比如，1919 年下半年至 1920 年春，鲍德温股票的成交量从每周 30 万股上升到了 50 万股，同时该股的点位也在 130—156 美元来回振荡。当时，该股正在派发，公众满怀希望，都在不计成本地买进。"

　　第二条法则：该股在创下第二个比前期高点低的顶部之后进行盘整，成交量低迷，波动幅度收窄，呈现横盘整理行情，如果它突然放量跌破了前期低点，就是价格进一步下跌的讯号。

第三条法则：在经历过长达几周、几月或者几年的下跌之后，如果价格已经触底，那么成交量应该减少，价格的波动幅度也应变小。这可以从一个方面来认定抛盘已经逐渐衰竭，该股做好了变盘的准备。

股价

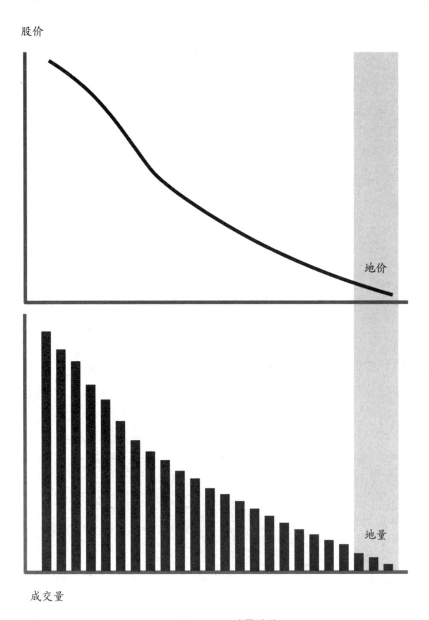

成交量

图 15-2　地量地价

　　第四条法则：当趋势从熊市转为牛市时，价格在经过第一波急速的涨升后，会有一波中级回撤、价格见底的过程，这就跟它在第一波急跌后会有一波中级反弹是一样的。如果价格回撤时是缩量，而当价格又再度向上时是放量的，说明价格还会涨得更高。

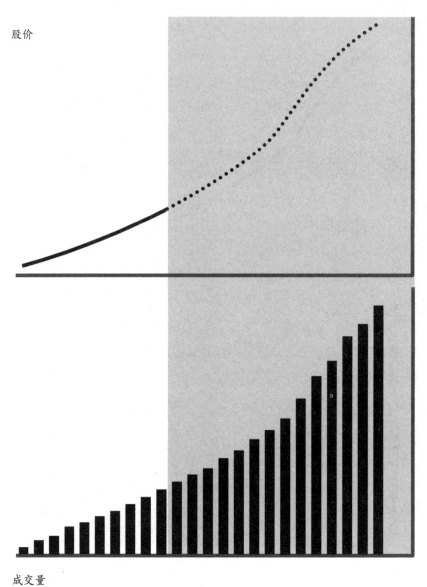

图 15-3　量增价升

　　这些法则不仅适用于研判个股的走势，同样也可以用来判断大盘的方向，依据交易所每天、每周或每月的总成交量，就可以预测大盘的趋势变化情况。

　　江恩说："当价格接近顶部时，成交量会放大，而价格快见底时，成交量会缩小，这是常态，当然也有像 1929 年 10 月和 11 月的例外情

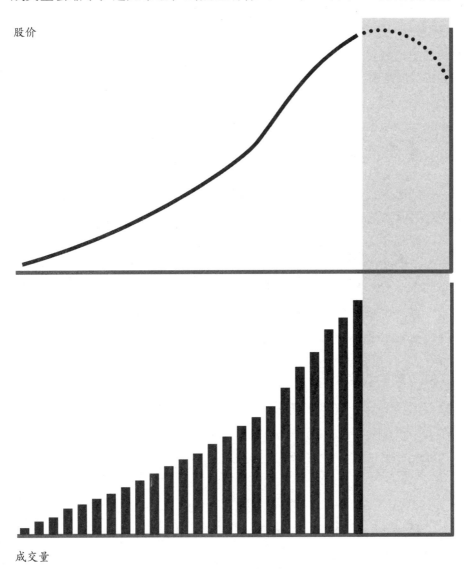

图 15-4　天量天价

况发生。当大盘下跌的速度非常快时，就会堆积很大的成交量，然后形成一个尖底，之后会有一波迅速反弹。这就像第四条法则所讲的那样，在第一波快速反弹后，总会有一个缩量的中级下跌，这是规律。正因为市场中总有意外出现，我们需要用止损单或期权来控制风险。"

江恩说："如果你捕捉到牛市行情结束的信号，如前所述，就是交易量放大、振荡迅速而激烈的时候，就要全然退出，作壁上观，也就是说，把长期持有的股票抛售一空，等待做空的机会。一旦带着大笔的利润出脱，就不要急于再次入市。只要耐心等待，市场上的机会总会再次出现的。"

小成交量意味着市场动力不足

江恩说："查看美国钢铁在 1922 年最后 3 个月的交易记录，就会发现这只股票连续几周浮动都很小，总成交量也只有 30 万股。你马上就可以想到，无论买盘还是卖盘，都不会推动大的行情。为什么呢？因为美国钢铁共有 500 万股，而该股在任何阻力位上出现大波动之前，都必须要有 100 多万股换手才行。"

以美国钢铁为例，江恩说："该股此前已经上涨了 20 或 30 个点，在目前的水平上，一天有 20 万股进行交易，却只上涨 1 个点，第二天也有 20 万股成交，价格依然没有变化。这显然说明，在这一点位上，该股已经供大于求，至少也是买家不需要竞价抬升，就能够买到所有想买的股票。在这种情况下，明智的做法就是全部抛售，静观其变。在大牛市中，股票达到派发阶段时，就会出现大幅振荡，成交量就会达到所有净发股本总量的好几倍。"

研究成交量时，要避开市场噪声

江恩说："在建仓或派发期间，尝试看盘的人肯定会被愚弄几十次，并犯下跟进那些毫无意义的小行情的错误。所以，正确的看盘方法是绘制一份反映 3 天至 1 周的市场行情变化图，并记录成交量。当然，必须考虑该股已发售股票的总量和流通股的供应情况。在此再次强调，看盘并准确解读大盘的正确方法，就是不要自始至终紧盯大盘。"

与大盘结合看成交量

江恩说："道琼斯 30 只工业股指数是大盘中活跃股走势的有效指南。但要记住，必须研究每只个股，判断其变化是否与指数的走势一致。如果一只个股的走势恰好相反，就要顺着该股的走势来做。在股指不甚活跃、变化幅度很小时，要留心观察股指、股票高低点的成交量是不是也很小，因为这是发生变化的信号。然后，要留意市场什么时候在底部或顶部非常活跃，判断成交量是否一同增长。一旦成交量开始减少，就要留意走势的变化和随后可能出现的反转变化。"

晋源解读

在买卖个股时，一定要与大盘结合，特别是牛市初期，个股上涨的机会更多。

牛市初期的主要特点是行业龙头、大市值公司的价格会不停地创阶段新高，行业之间会轮动，也存在上上下下的颠簸。这个阶段要做大市值公司、不会被边缘化的公司。这类公司在任何时刻都是值得关注的。牛市初期，每个板块都有机遇，大市值公司具有垄断地位，是稀缺资源，下跌空间有限。其他股票之前跌幅较大，这一时期也会出现反弹，但是难以形成持续上攻的动力，连续上涨是不现实的。

当龙头公司占据着朝阳行业的主导地位，更是千金难求的稀缺资源，下跌空间更有限。例如，医药类公司是未来30年的主线。中国医药行业与国际同业公司相比，公司规模和营业利润差异很大，但是随着中国老龄化社会的来临，医药消费需求会持续增长，具备了产生伟大医药企业的基础。选择优质公司是为了控制风险。一定要避免损失大部分的本钱，否则，欲速而不达，这也正是新手常犯的错误。

研究江恩的著作，你会发现，他买入市场价格低于真实价值的股票，因为市场最终会认可其真实价值。江恩认为，有了朝阳行业和优质公司作为股价上升的元气，再利用时间、价格和形态的分析方法，交易就更有保障。

第十六章 江恩谈"29 条交易规则"

威廉·戴尔伯特·江恩

William D.Gann

1878. 6. 6—1955. 6. 18

一些投机者遵守了规则，赚了大钱，然后又违反了规则，赔个精光。

——江恩

导　读

　　在《圣经·申命记》中，摩西向以色列人讲解了守约与福报的关系。上帝是公平正义的。他把流奶与蜜之地赐予遵守规则、服从律法的人，并且巩固他们的产业。对于背信违约的人，上帝必定惩治。

　　交易规则也是必须要遵守的戒律。它使感性的人面对市场时，能够控制个人的担忧、疑虑、恐惧等负面情绪，完成正确的操作计划。江恩在多本原著中都讲解了交易规则，有应用于期货市场的，也有应用于股票市场的。其中，《江恩商品期货教程》中有关29条交易规则讲述得更为全面精细。理解了这29条交易规则之后，你再去看《华尔街45年》。江恩在里面讲解了面向股票投资的12条规则与24条守则。如果你还想深入地研究规则，请继续阅读《江恩又见江恩》系列图书。

下面，我们进入正文。

在《江恩商品期货教程》中，江恩提出了29条交易规则。

规则1：根据趋势指标交易。

做多时，跟随设定止损位的趋势指标操作，其间不要参照其他指标，直到行情突破前一个趋势指标底部之下的止损位，即止损位被触发。相反，卖空时，顺应下跌趋势，并在每个趋势指标顶部上方设定止损位，直至止损位被触发。记住，坚持让趋势指示作为你的操作指南，当行情反转时，跟随趋势指标发出的信号操作。当市场行情活跃时，这条规则将使那些谨慎的交易者每年获得高额利润。

晋源解读

江恩说的趋势指标，以三日转向图为典型代表。与三日转向图神似的趋势指标有K线三值。另外，与之原理相似的指标还包括一些证券行情软件中常见的宝塔线。所以，江恩的爱好者如果找不到三日转向图的实时图表，也可以用K线三值甚至宝塔线来替代。

规则2：在双重底或者三重底买入。

晋源解读

追高毁三代、低吸富一生。中国股市熊长牛短，更要注意安全，追涨停板容易遭遇无妄之灾。

规则3：在双重顶或三重顶卖出。

规则4：第四次到达同样的价格水平，易发生突破。

三重底与三重顶的力量是最强大的，但是注意当价格第四次到达同样的水平时，就要留意是否突破。

规则5：关注三重底后逐步抬高的底部。

创出三重底后，会有一次或多次回调，使得第四次底部高于前期底部，这是行情增强的信号，预示着价格将会走高。如果第五次底部价格高于之前的底部价格，那么，指标强烈指示一波上涨行情将会出现。

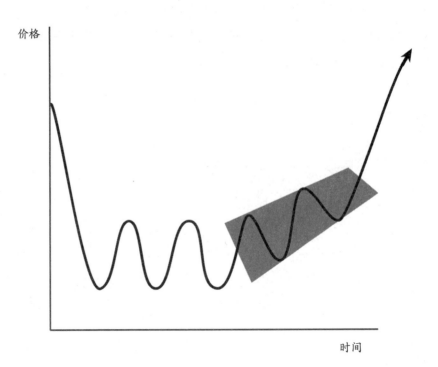

图16-1　三重底之后的新底部逐渐抬高

晋源解读

　　底部逐渐抬高，就是上升趋势的明显特征。有一些表现较好的自动化交易系统，将底部逐渐抬高作为选股的第一条件。

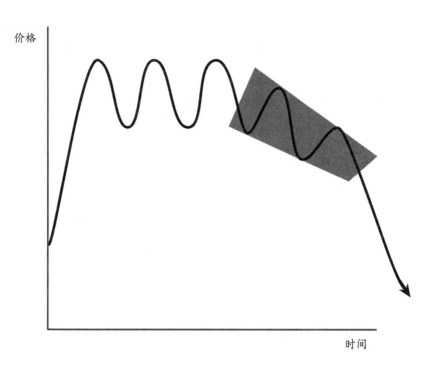

图 16-2 三重顶之后的新顶部逐步降低

规则 6：留意三重顶后的下跌顶部。

在三重顶出现之后，观察第四个顶或在突破第三个顶部后的第一个回调。如果第四个顶低于先前的顶部，就是弱势信号，预示后市价格将会走得更低。如果再一次下跌后形成的顶部，即第五个顶部仍然低于先前的顶部，预示行情极弱，后市价格将更低。

晋源解读

顶部逐渐降低，就是下降趋势的明显特征。

规则 7：在快速活跃的市场中运用 7—10 日规则。

在行情非常活跃并快速上涨时，价格已经上涨 7—10 天或者更长时间，但未突破前期底部，你要跟随行情，并将止损位提高到每天的底部下方，直到它被触发；然后反手做空，同时将止损位设定在上个交易日的顶部上方。

规则 8：趋势启动时，使用金字塔式交易。

通过金字塔式交易，可以赚取大量的利润，这种操作非常安全，因此只要趋势指标显示主趋势处于上升或下降过程中就进行买卖。当市场每次按照你的意愿波动，你就持续进行交易，将止损位设在不超过趋势指标底部的某个位置。

晋源解读

金字塔式交易必须在大趋势中才能展开。

规则 9：使用金字塔式交易方法。

如果做多，需要在建仓期以金字塔式买入，赚取利润。金字塔式交易方法应该在双重底或三重底之后应用，然后跟随上涨趋势，直到上涨趋势变化才卖出。

如果做空，就要考虑以金字塔式派发。金字塔式交易方法应该在双重顶或三重顶之后应用，然后跟随下跌趋势，直到下跌趋势变化才买入。

如果你运用规则，能判断出顶部出现的日期，那么就能在趋势改变前，或者行情跌破前期底部前出仓。

晋源解读

回到本书第一章，先来研究股价波动的四个阶段。建仓期正是主力机构建仓的时期，风险低，可以长期持有股票。有了底仓之后，再加码进行金字塔式交易，你的情绪就能放松。

规则 10：仅根据趋势指标进行金字塔式交易。

金字塔式交易计划简单易行。你只要根据规则一就能完成首笔交易。记住：在行情未突破交易波段的最高顶部前，不要买进第二手合约。

晋源解读

只有趋势展开之后，才能加仓。这样，当价格没有按照我们的预期方向前进，需要平仓时，留出的反应时间也会多一些。

规则 11：最安全的金字塔式交易规则。

最安全的规则是：价位非常低时，开始金字塔式交易，买进仓位，然后跟着市场涨势，持续金字塔式加仓，直到趋势改变。

晋源解读

低价买进、高价卖出是永恒的真理。江恩很重视低吸。

规则 12：在振幅大、波动快的市场中交易。

在这种市场中进行做多的金字塔式交易，有了高额利润以后，设置止损单时，止损点要设在正常止损位更偏下的位置。

规则 13：何时禁用金字塔式交易。

不要在双重底（和双重顶）附近进行第二次金字塔式交易。

首先要将资金安全放在第一位。在建仓（或派发）区域附近进行第二次交易是不可取的。一波行情大涨或下跌后，你必须等到趋势出现明确的变化信号，才能进行金字塔式交易。

晋源解读

金字塔式交易的前单和后单之间，一定要拉开距离。如果大量仓位密集地分布在一个狭窄的价格区间，很容易被对手围歼。

规则 14：次级趋势指标。

下跌趋势没有改变之前，绝对不要认为次级趋势已经向上。

上涨趋势中，趋势指标没有显示市场反转向下，就不要认为次级趋势已经向下。只有行情已经向下突破趋势指标的最后底部之下，才能认定次级趋势向下。

规则 15：主要趋势指标。

一轮行情长期上涨之后，除非三日转向图上的底部被跌破，否则不能认定主趋势已经改变。在一轮行情长期下跌后，除非三日转向图上的顶部被突破，否则不能判定主趋势已经改变。

晋源解读

这是跟踪上涨趋势的可靠方法——盯住最新上涨波段的底部。

规则16：反转点。

观察行情最后阶段的启动位置和价格变化，当这个价格被有效跌破，才能认为主趋势向下改变。

当行情位于高价强势区时，观察最后的底部或者从开始上涨到创出新高这段行情的价格变化，当这个价位水平被跌破时，意味着主趋势即将反转向下。

当行情处于低价弱势区时，并且以较低的价格缓慢运行，不断创出更低的顶部和更低的底部时，此时要观察行情的最后底部或行情的转向点，即使行情创出新低也不要认为趋势已经转向，直到行情穿过转向点的价位水平时才可确认主趋势转而向上。

晋源解读

始终关注最新形成的波段。在上涨趋势中，当最新上升波段的底部被跌破后，上升趋势可能反转向下。

规则17：关注第二个和第三个更高的底部。

观察第二个和第三个更高的底部。当行情跌破第二个更高的底部时，可以判断主趋势已经向下。

晋源解读

在反弹行情中，价格也会形成数个盘整向上的底部。然而大势向下，所以，当价格跌破底部时就需警惕。

规则18：行情的分段运行。

行情向上运行几段并回调后，在最末段顶部的成交量将会减少，底部的成交量也比早期阶段少，这些迹象表明行情即将结束，已经接近了顶部。然后应用其他规则，操作并观察趋势指标和三日转向图上的趋势反转。

在下跌行情中应用同样的规则。当行情下跌或分段运行变得模糊时，预示抛压减弱。

晋源解读

> 价格分成三段或四段运行。上升趋势中，出现数个上升波段之后，就要警惕反转。此时，一些副图指标往往处于超买状态，例如 KDJ 在高位钝化、RSI 出现顶背离等。

规则 19：第一个波幅较大的波段。

在非常弱势的市场中，留意始于任何低位的第一个涨幅较大的波段。在非常强势的市场中，留意始于高位的第一个跌幅较大的波段，这都预示次级趋势的改变。

晋源解读

> 弱势市场第一个涨幅较大的波段，就像反攻敌人阵地时奋勇冲锋的旗手，高高举起军旗，能够提振士气。

规则 20：两天的行情急剧变化信号。

经过长期下跌后，经常出现连续两天的快速大幅反弹，然后在这两天反弹的顶部或前期底部的水平价位，盘整几天或几周，这是支撑与积聚力量的表现。当这两天反弹的顶部被向上突破后，预示着你可以买入第二手合约，以进行金字塔式交易。

在两天的快速下跌行情中应用同样的规则，经过长期上涨后，当行情第三天未下跌时，主趋势不会改变，但是如果两天快速回调的底部最后被击穿，这便预示主趋势即将反转，你就要再次进行金字塔式交易了。

晋源解读

　　长期下跌，意味着下跌趋势陷入衰竭，价格开始反转向上。如果跌势刚刚开始，经过了两天的急速反弹之后，价格往往继续下跌。市场有时真假难辨，所以风险控制是必要的。

规则21：日顶部信号。

当行情非常活跃，达到极限高点或低点时，观察开盘价与收盘价就显得极其重要。

在一轮上涨行情到达极限高点的那天，如果当天收盘价接近那天的低点，或者收盘价低于开盘价，预示着卖者多于买者，行情已经开始准备向下调整，至少暂时如此。当这种情况出现时，你要毫不犹豫地卖出并做空，且将止损位设在那天最高点之上的某处。

晋源解读

　　这种情况有时会形成单顶形态。

规则22：日底部信号。

在长期下跌行情中，又出现了一轮急剧下跌，如果当天收盘价高于开盘价，或者收在最高价，经过宽幅振荡后，价格比前几天还低，预示着买者多于卖者，行情准备反转向上，或者将会迎来一轮预期强烈的反弹。所以你要平掉空头，反手买进，而不用等待行情走到比前期顶部更高的位置。

规则 23：第二天更低（或更高）的开盘价。

如果行情在一轮大涨后，收盘价接近或等于顶部价格，然后第二天早盘低开，那就证明后市较弱且将走低，特别是在未突破前期高点时尤其明显。

如果行情处于下跌中，收盘价接近前期的较低水平，而第二天早盘高开，价格收在当天最高点，这是行情走强的信号，预示后市一路走高。如果行情以弱势收盘，并在第二天早上高开，直到当天上午未跌破开盘价，那么后市价格将会更高，你应该买进。

晋源解读

你可以提前预测那些重大的阻力位 / 支撑位。这类价格变化常常在重大的阻力位 / 支撑位的位置发生。

规则 24：行情急剧下跌或快速拉升后的盘整。

行情下跌一段时间，并且已经急速下跌后，疲软地收盘于低位水平，如果第二天行情波幅非常狭窄，同时价格下降幅度很小且收盘在同一价位水平，预示市场下跌结束，你设在顶部之上的止损位要下移，从而收紧止损。

行情在上涨一段时间，并且已经急速拉升后，强劲地收盘于高位水平，如果第二天行情波幅非常狭窄，预示价格上涨结束，你设在底部之下的止损位要上移，从而收紧止损。

晋源解读

涨久必跌，跌久必涨。任何趋势行进到末段，都有衰竭的征兆。

规则 25：连续数天收盘价在同一水平。

注意一轮长期上涨或者下跌后的收盘价。

如果行情连续数天收盘在同一价位水平附近，预示行情在这一价位水平遇到强大的阻力。如果最新一天的收盘价高于或低于近段时间的收盘价，暗示趋势将改变，你应该顺势而为。

晋源解读

价格遇阻的一个特征是出现一系列的小阴线、小阳线。

规则 26：收盘价与同一价位水平附近的三个顶部或底部。

当行情急速上涨并创出顶部时，应关注其收盘情况。如果收盘价低于当天低点，则行情正在形成顶部，那么当其第二次或者第三次上涨到同一价位水平后，若当日收在低点附近，趋势即将下跌，此处无疑是个卖出信号。

在下跌行情中反向运用这条规则。如果在同一价位水平附近出现三重底，并且每次收盘价格都接近当日高点，说明后市将走得更高，行情趋势即将向上。

晋源解读

只需要查看当日的价格表现，就能快速地了解市场。通过一根 K 线，也能识别市场。

规则 27：3 日波动中的顶部突破或底部跌破。

当行情跌破三日转向图的底部时，确认主趋势已经反转向下；当行情穿越三日转向图的顶部时，确认主趋势已经反转向上。在一个运行缓慢或者不活跃的市场中，行情跌破最后 3 日底部之下的阈值或者穿越 3 日顶部之上的阈值时，表明趋势发生变化。

晋源解读

三日转向图既能过滤短线杂波，又能将风险限制在 3 根价格线的范围之内。以三日转向图为主要工具，以九点转向图对价格的大幅波动进行预警，就不会出现大幅亏损。

规则 28：三日转向图的首次回调与首次反弹。

行情在一轮长期上涨中，观察三日转向图中出现的第一次下跌，这种情况经常被看作牛市即将改变的第一个信号。

进一步，在三日转向图上，观察第二个 3 日行情的运行，如果它低于三日转向图的底部，这些都是趋势即将反转的强烈信号。

晋源解读

江恩会直接观察价格线，而不会使用 RSI、MACD 之类的副图指标。他认为直接查看价格，能够更清楚地研判市场。

在下跌行情中反向运用这条规则。在一轮长期下跌后，观察三日转向图中的第一次反弹,这是熊市即将改变的第一个预警信号。

规则29:三日转向图的第三次波动。

在一轮长期上涨或者下跌后,观察三日转向图的第三次运行是极其重要的。例如:行情回调3日,然后创新高,接着第二次3日回调后,上涨到新高,之后第三次3日回调,并再创新高,那么在大多数情况下这是行情结束的标志。根据行情的高点位置和其活跃性,如果在三日转向图上,3日波动第三次跌破底部的阈值时,这是主趋势已经反转向下的明确信号。

晋源解读

注意:所有规则在活跃、快速移动的市场中效果最好。

以上是江恩的29条交易规则,它脱胎于江恩在期货市场的实战。考虑到本书只是一本入门书,新人学习的重心放在基础工具上,作者就不展开江恩交易规则的讲解了。如果你想深入研究,请参考《江恩又见江恩》等系列图书。

当你懂得江恩的交易规则之后,就可以制作个人的江恩式交易系统,以下是常用的方法:

(1)绘制江恩图形,显示价格与时间等信息。

(2)绘制趋势指标图,使交易者能够分析涨跌的价格幅度与时间长度。

(3)预测未来的价格与时间目标,并且判断市场的趋势。

(4)绘制江恩角度线。

绘制适当刻度的角度线。它们代表固定速率的价格变动,交易者可以利用它们来寻找支撑与阻力,预测未来的行情走势,评估价格的潜能。

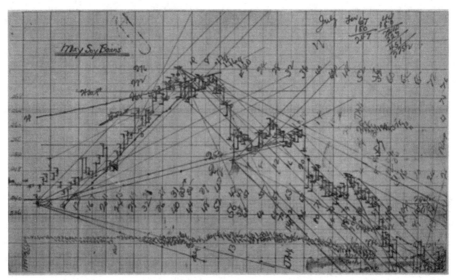

注：江恩是顺势交易者，角度线与价格的前进方向一致。

图 16-3　江恩绘制角度线的手稿

（5）绘制百分比。

绘制每个价格区间内的百分率回撤水准。根据当时行情与百分比回撤点之间的关系，交易者可以判断市场走势的强弱。

（6）将时间引入市场分析。

通过周年日、时间百分比、江恩角度线等，预测未来顶部与底部可能发生的日期。

（7）关注价格与时间的垂直关系。

价格与时间的垂直关系，是指价格处于阻力位或支撑位，时间处于转势时间点。这样，价格与时间都提示了反转的可能。

这样，我们整合了江恩的空间、时间、形态方法之后，就形成了自己的江恩式交易系统。

系统建立之后，我们跟踪交易的全程，看看各个时期应该做些什么。

首先，依据江恩分析工具，我们要等待进场点。

其次，进场点出现之后，填好止损单，进场交易，然后静观其变。在交易系统出现信号之前，我们不用做任何事。如果股票只是在"噪声"范围内移动，我们只要等待就行了。如果价格达到了我们的止损位，不要犹豫，迅速止损。

买入股票之后，当市场处于涨势时，我们只需要跟随趋势，亦步亦趋。如果股票上涨之后，需要休整，我们只需要使用跟踪止损单盯紧。之后股价可能继续向上突破，形成新的支撑位。然后，我们把追踪止员单移至支撑位之下。只要价格上涨，这样的交易动作就会重复发生，直至趋势转而向下，我们可以抛出全部股票。

另外，在设计系统时，一定考虑到我们的交易心理基础。适合的交易系统能让我们拥有自信，产生市场赢家的感觉。同时，当系统处于不利时期时，我们要有积极的心态来应对挫折。

延伸阅读

以下是江恩的12条交易规则和24条常胜守则，来自《华尔街45年》。

江恩的 12 条交易规则

1. 决定市场的趋势。

2. 在单底、双重底或三重底水平入市买入。

3. 根据市场波动的百分比买卖。

4. 根据 3 周上升或下跌买卖。

5. 市场分段波动。

6. 利用 5 或 7 点波动买卖。

7. 成交量。

8. 时间因素。

9. 当出现高低点或新高时买入。

10. 决定大势趋势的转向。

11. 最安全的买卖点。

12. 快速市场的价位波动。

江恩的 24 条常胜守则

1. 资金的使用量：将你的资金分成十等份，在一次交易中，绝不动用超过 $\frac{1}{10}$ 的资金。

2. 使用止损单。永远在离你成交价的 3—5 个点处设置止损单，以保护投资。

3. 永不过度交易。这会打破你的资金使用规则。

4. 不要让该得的盈利变成损失。一旦你获得了 3 个点或更多的利润，请立即使用止损单，这样你就不会有资本的损失。

5. 不要逆势而为。根据走势图，如果你无法确定趋势何去何从，就不要买卖。

6. 看不准行情的时候就退出，也不要在看不准行情的时候入市。

7. 仅交易活跃的股票。避免介入那些运动缓慢、成交稀少的股票。

8. 分散风险。如果可能的话，交易 4 只或 5 只股票，避免把所有的资金投到 1 只股票上。

9. 不要使用委托单，或者预先设置买卖价格。使用市价单。

10. 不要毫无理由地平仓。用止损单保护你的利润。

11. 累积盈余。如果你的交易很顺利，把部分资金划入一个盈余账户。这样，在遭遇紧急情况或者市场出现恐慌暴跌后使用。

12. 永远不要为了获得分红而买进股票。

一些主力机构会在上市公司分发红利时，大量卖出股票。为了分红而买进的散户经常惨遭套牢。

13. 永远不要亏损加仓。这是交易者犯下的最糟糕的错误。

14. 耐心、合理地买进和卖出股票，不要鲁莽。

15. 避免赢小利而亏大钱。

16. 在交易进行的过程中，不要撤销已经设置的止损单。

17. 避免出入市过于频繁。

18. 顺应趋势的方向。

19. 永远不因为股价低而买入，不要因为股价高而卖出。

20. 不要在错误的时候加码。等股票活跃且冲破阻力位后，再加码买入；等股票向下跌破主力的派发区域后，再加码放空。

21. 挑选小盘股做多，挑选大盘股做空。

22. 永不对冲。

23. 没有好的理由，永远不要变换多空方向。

24. 避免在长期的盈利后增加交易。

从 500 美元到 7 万美元

如果一个人从事高杠杆的黄金交易，以 500 美元进场，一个星期弄到 7 万美元。这个故事你相信吗？

这位交易者有着丰富的经验，在多个市场摸爬滚打，经验非常丰富。这次交易表面上看起来非常厉害，从进场到顺势加仓，然后一路持有，最终平仓获利，整套动作看似行云流水，无懈可击。然而，貌似完美的交易一定会有问题。分析他的交易记录，你会发现，只要发生一次较大的回撤，他的交易就会爆仓。所以，他为什么只投入 500 美元的起始资金，背后就是爆仓累累的事实。交易成功，不能留下任何的短板。这种类型的交易者通常违反了江恩的资金管理原则。他们会一次性地投入全部资金，并且前单与后单的距离没有拉开。

通过我们前面各章介绍的工具，再加上江恩的交易规则，你已经能够发挥创造能力，制作自己的江恩式交易系统。在测试过程中，你难免会遇到挫折，这就需要优化。把江恩的话与你共勉。"经验是最好的老师。被火烧伤之后才能远离火源。错误在所难免，吸取教训，把每次错误都当成进步的铺路石。"如果你在研究系统时遇到问题，也可以加入本书的读者群，大家一起交流。

第二部分　江恩－晋源交易新思路

结合 K 线、均线等主流工具，

让艰深晦涩的江恩理论，

简单易用。

用硬朗的实战，

展示江恩系统的风骨。

第十七章　江恩－晋源 K 线三值

威廉·戴尔伯特·江恩
William D.Gann
1878. 6. 6—1955. 6. 18

只需要跟踪一根 K 线，就能识别趋势的方向。

——晋源

导　读

同花顺、东方财富通和大智慧等证券行情软件中，无法找到江恩的三日转向图。许多读者向作者反映，江恩的三日转向图只能依靠手绘，难有充足的时间制作图表。另外，当前的江恩专业软件还无法提供动态免费的三日转向图。

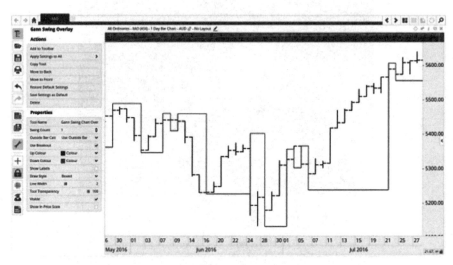

图 17-1　一款付费高昂的江恩软件，其绘制的三日转向图带有时间坐标，
并不符合江恩定义

三日转向图被称为江恩的核心工具，既能灵敏地跟踪趋势，又能过滤短线杂波。怎样才能让三日转向图应用于日常交易呢？作者自己制作了 K 线三值。K 线三值与三日转向图原理相同，能够应用于 K 线图，且在日常交易中能够轻松使用。

下面，我们进入正文。

打开任意一款交易软件，你都可以轻松应用K线三值。你只需要关注最新的三根K线，观察它们的收盘价，就能轻松得到K线三值。熟练的交易者不必做任何手绘工作，只需要看三根K线，就能轻松地跟踪趋势。

K线三值的绘制方法

观察3个时间单位的K线收盘价，当最新一根K线的收盘价创出新高时，向上的K线三值形成。然后，再观察下一根K线，如果收盘价又创出新高，继续向上推升K线三值，直至收盘价跌破下面的3根K线三值。

观察3个时间单位的K线收盘价，当价格创出新低时，向下的K线三值形成。然后，再观察下一根K线，如果收盘价又创出新低，继续向下移动K线三值，直至收盘价升破上面的3根K线三值。

以图17-2为例，灰色虚线就是一系列上升的K线三值，用来跟踪上升趋势。黑色实线就是下降的K线三值，代表上升趋势结束。

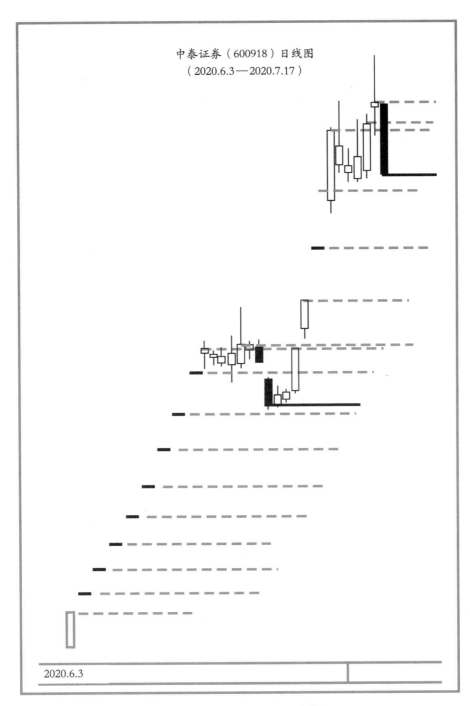

图 17-2　K 线三值是一系列的横线

因为江恩喜欢把3天的行情合在一起研究市场。当市场出现3个交易日的新高时，江恩会把三日转向图向上移动，把最新高点放在第三日的最高价。同理，此时，K线三值也会向上移动，并且最新高点放在第三日的收盘价。K线三值继承了三日转向图的原理。它不是标新立异，只是为了操盘方便——你只需要盯着最新的一根K线做出判断。

三日转向图与K线三值的差异如下：

线形	三日转向图	K线三值
软件	需要特制的江恩软件	打开K线图就能用
难易程度	复杂	简单
时间坐标	没有时间坐标，无法使用江恩的时间分析法	有时间坐标，可以直接与时间分析法一起使用
使用价格	最高价/最低价	收盘价

表 17-1　三日转向图与K线三值的对比

三日转向图使用最高价与最低价作为反转的依据，而K线三值使用收盘价。收盘价是一天交易后的最终结果，许多技术分析的指标都采用收盘价，甚至业内对企业进行估值时，都非常重视收盘价这个指标，许多法律文件也认同收盘价这个数据。

K线三值的最大优点是，你不必绘制图表，只需要和K线图一起使用，从不模棱两可。价格向上突破K线三值时，趋势向上的预警信号就出现了。反之，价格向下击穿K线三值时，趋势向下的警戒信号就出现了。

为什么叫K线三值，而不是K线四值？

K线三值使用3根K线进行预警，这是因为3个交易日内，价格波动通常有限，从而控制了价格大幅波动的风险。3根K线就像是我方派出的3个哨兵，是用来探测敌情的。当价格从上升转为下降时，3根

K线的排序就会发生变化，最新的K线就会处于低位，从而对趋势的变化及时预警。另外，在3根K线的价格范围内，波幅通常有限，风险较低。毕竟，连续3个涨停的极端涨势很少发生。当然，为了防范这种极端涨势，作者结合江恩的九点波动图来控制风险。

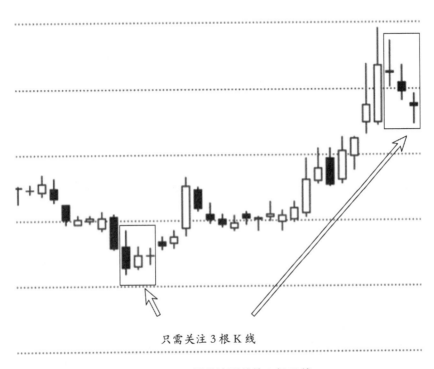

只需关注3根K线

图17-3　只需关注眼前的3根K线

如图所示，如果市场在支撑区域之上站稳，我们观察3根K线的涨势，然后将3根K线转换为K线三值。强有力的上涨代表上升趋势已经展开，但是后市如何，我们不必预测，只需要跟在趋势后面，等待K线三值新的高位出来，就提高防守位。如果三根K线在横向盘整，甚至形成了低点，暗示着当前乏力。此时价格窄幅盘整，不会对账户造成大的伤害。等到3根K线转而向下时，K线三值就会提前给出下跌的预警信号。

防守位

确立 K 线三值之后，只需要跟踪下一个交易日的表现。

下图表现的是市场上扬后构成的情形。

市场已经上涨，接下来的 1 根价格线用于证实或者否认趋势。当市场继续上涨到新的高度时，你要观察新的价格线的变化。切记，市场在一个点上如何发生变化，决定了这个点是否可以经受下一次考验。

怎样绘制 K 线三值

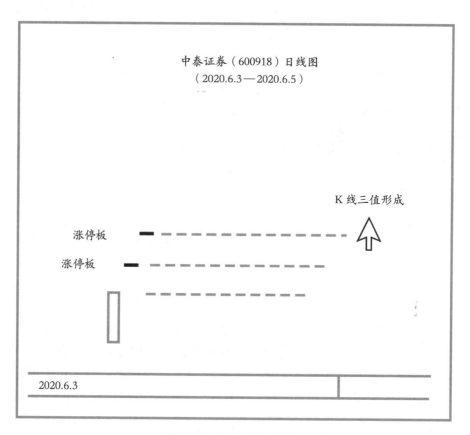

图 17-4 K 线三值的形成

以 6 月 3 日作为起点，此时中泰证券收出第一条阳线，在收盘价 6.31 元处，画第一条横的虚线。

6 月 4 日收 6.94 元，收盘价比 6.31 元高，收阳，画第二条虚线。

6 月 5 日收 7.63 元，收盘价比 6.94 元高，收阳，画第三条虚线。

这样就出现了三根虚线，K 线三值就正式形成了，由于方向朝上，它也称三阳 K 值。此时防守位处于 6 月 3 日的 6.31 元。

每当 K 线三值创出新高时，前面第三个 K 线三值就成为买方的防守位。每当 K 线三值创出新低时，前面第三个 K 线三值就成为卖方的防守位。

随着趋势上行，不断地提高防守位

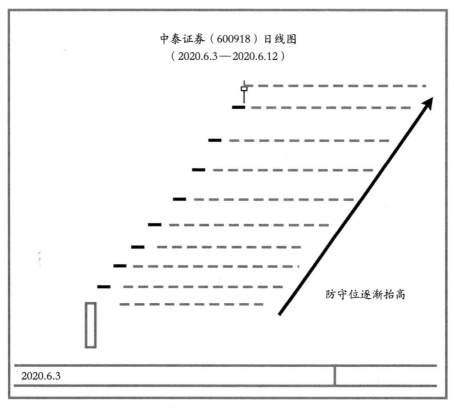

图 17–5　随着上升趋势，逐步抬高防守位

6月8日收8.39元，收阳，画线。此时K线三值的防守位抬高，不再是6月3日的6.31元，而提高到6月4日的6.94元。

6月9日收9.23元，收盘价比8.39元高，收阳，画线。防守位提高到6月5日的7.63元。

6月10日收10.15元，收盘价比7.23元高，收阳，画线。防守位提高到6月8日的8.39元。

6月11日收11.17元，收盘价比10.15元高，收阳，画线。防守位提高到6月9日的9.23元。

6月12日收12.29元，收盘价比11.17元高，收阳，画线。防守位提高到6月10日的10.15元。

6月15日收13.52元，收盘价比12.29元高，收阳，画线。防守位提高到6月11日的11.17元。

6月16日收14.25元，收盘价比13.52元高，收阳，画线。防守位提高到6月12日的12.29元。

不必绘制新线的情形

6月17日收14.08元，收盘价比6月16日低，收盘价在14.25元之下但在12.29元之上。价格位于2根已经画好的横线之间，不需要绘制新线，价格在窄幅盘整。

6月18日及19日，收盘价比6月16日低，收盘价在14.25元之下，12.29元之上，同理，不需要绘制新线，价格在窄幅盘整。

6月22日收14.35元，收盘价比6月16日14.25元高，收阳，画线。防守位提高到6月15日的13.52元。

6月23日收14.35元，收盘价和22日一样，不画线。

6月24日收13.81元，收盘价比6月22日及23日低，收盘价在14.35元之下，13.52元之上，不画线。价格在窄幅盘整。

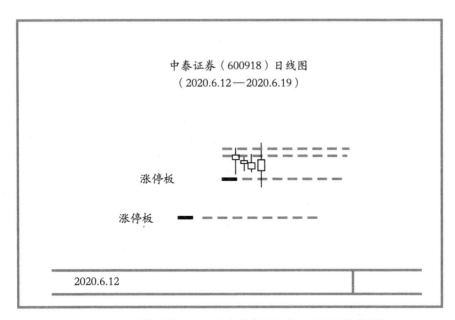

图 17-6 K 线收盘价处于两根虚线范围之内，不需要绘制新线

下跌信号出现

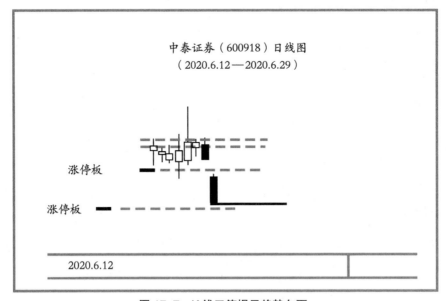

图 17-7 K 线三值提示趋势向下

6月29日收12.49元，一阴破三阳，收在6月15日13.52元之下，画K线三值的第一根阴线，以横向的实线表示。这是向下的转势信号。它也是警戒信号，需警惕趋势向下反转。

价格开始上攻

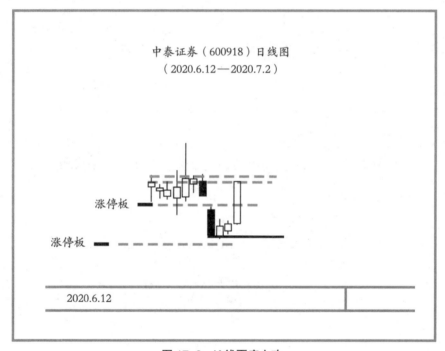

中泰证券（600918）日线图
（2020.6.12—2020.7.2）

涨停板

涨停板

2020.6.12

图 17-8　K线再度上攻

6月30日收12.84元，收盘价比6月29日12.49元高，未突破前高6月22日的14.35元，处在14.35元之下，12.84元之上，不画新线，价格在盘整。

7月1日和2日，收盘价没有向上突破前高——6月22日的14.35元，处在14.35元之下，12.84元之上，不画新线。

新的三阳 K 值形成

7 月 3 日收 15.68 元，收盘价向上突破前期下跌的 K 线三值，突破前高 6 月 22 日的 14.35 元，画出第一条虚线。

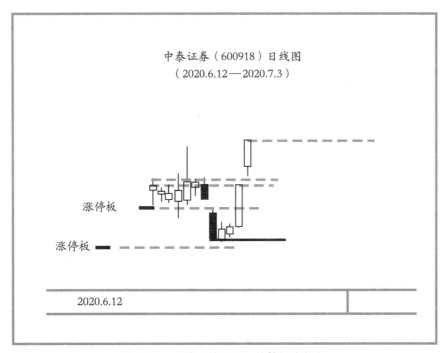

图 17-9　K 线三值显示，趋势再度向上

随后，价格又出现了连续的上涨。

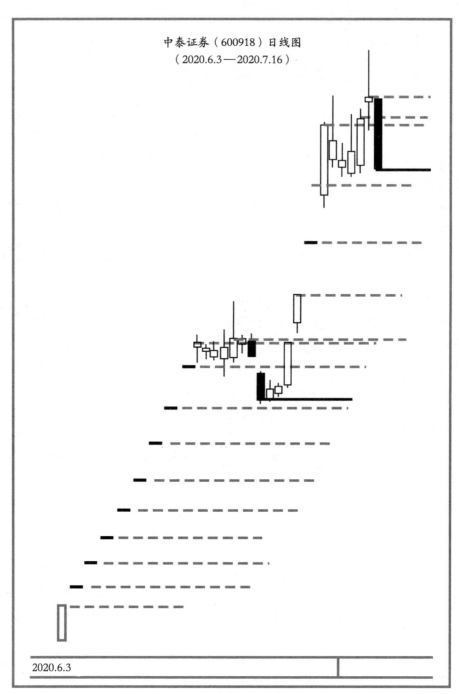

图 17-10　上升途中，夹杂着小的回调

7月6日收17.25元，比7月3日15.68元高，画出第二条虚线。

7月7日收18.98元，比7月6日17.25元高，画出第三条虚线。至此又出现了新的三阳K值。

7月8日收20.79元，比7月7日18.98元高，收阳，画出第四条虚线。至此，K线三值防守位从7月3日的15.68元上移，移至第二根的7月6日17.25元。

……

防守位持续提高，直至7月16日。这天收盘价是19.47元，出现了中阴线，一阴破三阳，画出第一根横向实线，代表转势的阴线，意味着这是趋势转而向下的警戒信号。

每个交易日收盘后，就要判断是否要画一条新线，同时设置突破位或防守位。通过K线三值，既能防止骗线，又能守住利润，并且跟踪价格走向，远比副图指标清晰。

图17-11是中泰证券K线三值图的全貌。它包含了上涨、下跌、盘整的画法及操作。

图中的虚线表示价格上涨，处于上升趋势中；实线表示价格下跌，处于下跌趋势。

曼哈顿图表

在纽约曼哈顿的华尔街办公室，江恩和助手们绘制了大量的三日转向图，这类图表也被称为曼哈顿图表。在江恩的绘制方法中，由于三日转向图消除了时间因素，因而无法运用江恩的时间分析方法。这是可以理解的，如果不消除时间因素，江恩团队就需要手工绘制每一根价格线。这是巨大的工作量。

与曼哈顿图表对应，K线三值还有一种变体，它同样也消除了时间因素，如图17-12所示。

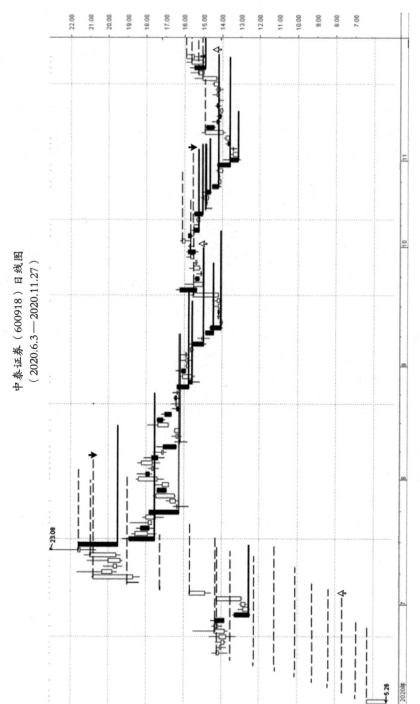

中泰证券（600918）日线图
（2020.6.3 — 2020.11.27）

图 17-11　K 线三值，箭头显示了 K 线三值的转换

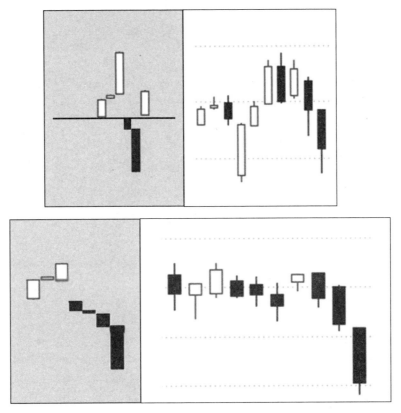

图 17-12 K 线三值的变体

　　K 线三值的变体没有时间坐标，同新三价线、链形图、圈叉图一样，纯粹由价格变动来确定图线。它在盘整市中并不轻易出现信号，还能有效地去除趋势中的小幅振荡，从而让交易者专心跟踪大趋势。

第十八章　江恩－晋源时空均线

威廉·戴尔伯特·江恩

William D.Gann

1878. 6. 6—1955. 6. 18

顺应大趋势，你总能赚到最多的钱。

——江恩

导 读

在大部分的时间里，市场走势不知道向何处发展。市场仅在 15%—30% 的时间里有明显的趋势行情。在趋势明显的市场中，新手交易者也容易赚钱。这种跟随市场趋势的交易称为"弯腰捡钱"，因为你需要做的就是"当时在场"就行了。

与传统均线相比，时空均线添加了时间转势点，让交易者提前预测有利的时间之窗，并且与趋势保持一致。"顺势交易＋时间之窗"，是时空均线的目的。

在趋势市中，时空均线通过交叉、三角、排列等数种简单信号，就能让交易者牢牢地抓住趋势。

在盘整市中，时空均线处于横盘状态。只需要使用江恩的底部交易技术，在建仓区建立仓位。江恩说："在单底、双重底、三重底或其他底部买入。"当你能够识别股票的建仓期，并采用这条底部建仓规则，就有望以低风险获得高收益，如果再加上时间之窗的加持，就有了更多的交易优势。

下面，我们进入正文。

均线之父格兰维尔说："在市场中做的第一件事就是跟踪趋势。只要市场趋势仍在上升，绿灯是亮的，什么时候买进都不迟。即使在顶部的前一天买进也是如此，谁在意这些呢！你应该简单地跟随市场的卖出信号，卖出所有仓位，然后百分百转为空头。这就叫作跟踪趋势。"均线提醒我们做什么？顺势而为。

晋源解读

格兰维尔说："在顶部前一天买进"，应用在熊长牛短的中国股市，大概率是亏钱的。从道琼斯指数的表现来看，在格兰维尔身处的年代，美国市场整体持续上升，即使"在顶部前一天买进"被套，从长线看，也有解套的一天。所以，在鉴别其言论时，一定要注意他身处的历史背景和市场环境。但是，格兰维尔强调均线交易要顺势而为，均线是显示趋势的有力工具。江恩发明了波动图、角度线等数种趋势工具，与均线的原理有相似之处。只是江恩的玩法更高级一些，加入了时间周期的成分。

江恩：趋势中赚钱最容易

江恩很重视明确的上升趋势和下降趋势。在他看来，这才是最大的利润所在。在趋势市中，即使是新手，也有望获利不菲。在杰出的交易员看来，这种跟随趋势的交易就像弯腰捡钱一样容易，你只需要持仓，去赚这些"傻钱"就行。江恩使用角度线来识别趋势。一些新手交易者在绘制角度线时，总是掌握不好波动率的问题。所以，我们就使用均线来替代角度线，让新手先快速入门。均线的精确度虽然比不上角度线，但是在识别趋势的大方向上，其原理与角度线相似。

单位：美元 / 蒲式耳

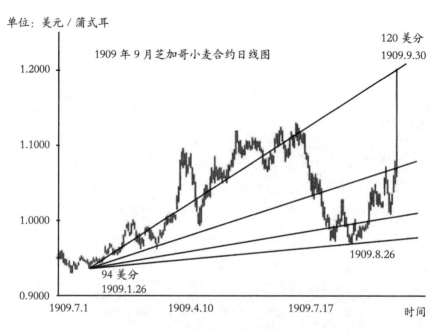

图 18-1　江恩角度线能够准确预测底部与顶部

　　无论角度线还是均线，我们都采用顺势交易的方法：上升趋势做多，下降趋势做空。

　　上升趋势中，价格下跌幅度有限，通常以横向盘整的方式，即使出现了急跌，但通常跌幅不深，很快价格恢复上涨，并创出新高。在上升趋势中，向上的转势点更重要，操作更容易。因为随后的涨幅大，持续时间久。在上升趋势中，重点寻找向上的转势点。

　　同理，在下跌趋势中，向下的转势点更重要，操作更容易。因为随后的跌幅深，持续时间久。在下降趋势中，重点寻找向下的转势点。

我们先设计一个机械交易系统：24 天均线向上穿越 32 天均线时买进，24 天均线向下穿越 32 天均线时卖出。进场后设置 1,500 元作为止损点，如果进场后利润超过 2,000 元，就使用 500 元的追踪止损。这是机械的均线方法。如果两个不同交易者用这种相同的系统交易，得到的总体结果应该是相似的。但是，你使用自动化程序测试这种简单方法，就会发现在趋势市中表现尚可，但在盘整市中表现不佳。

在趋势市中，均线最有效率。你需要先识别市场是否处于趋势市。对趋势市和盘整市不做区分，不分青红皂白，在盘整市中套用均线的趋势交易方法，肯定是不对的。

为什么叫时空均线？

时空均线是传统均线的增强版，它融入了时间周期。

在第八章中，我们讲解了江恩的时间周期，去预测那些引发趋势反转的时间点。均线让你顺应趋势，反转时间点让你利用回调进场，你再用真实出现的形态来确认，这就是时空均线的原理。

你可以把价格波段看成一根绳子，每隔一段距离就会出现一个绳节。这些绳节就是趋势产生反转的时间点，也称为时间的转势点。价格的显著变化容易在这些时间点上。这正是我们应该提高注意力的特别时间。在这些时间点上，价格运行经常反转方向，产生最高价或最低价。

江恩的时间点虽然可以提前预测市场，但并非钟表般准确。如果预测转势出现了失误，就会陷入逆势交易的风险当中。江恩为了控制预测风险，他强调用真实的形态来确认转势。

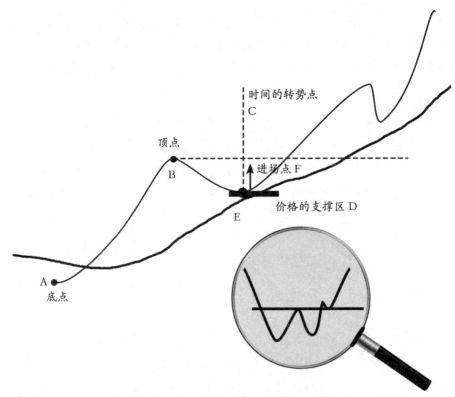

图 18-2　时空均线能够提前预测反转点，并使用小型形态来确认转势

趋势市中的时空均线

在趋势市中，买点出现时，均线通常呈现以下状态：

（1）K线上穿均线。

总体而言，在不必增加任何过滤器的前提下，长期趋势上涨时，买入比较轻松，压力也比较小。

（2）均线向上，K线回撤后再次向上启动。

（3）单根均线从跌转升。

（4）两根均线形成金叉。

短期均线从下向上穿越长期均线，形成金叉。

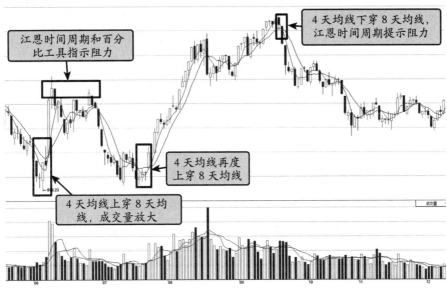

江恩时间周期和百分比工具指示阻力

4 天均线下穿 8 天均线，江恩时间周期提示阻力

4 天均线再度上穿 8 天均线

4 天均线上穿 8 天均线，成交量放大

图 18-3 时间周期等工具可以提前预测转势，比均线交叉信号更为提前

（5）三根均线形成上升三角。

短期均线从下向上穿越中期均线，形成金叉。中期均线从下而上穿越长期均线，形成金叉。然后，上升三角就形成了。

上升三角

图 18-4 趋势转而向上，三根均线形成上升三角

上升趋势的形成，最显著的信号是上升三角。所有个股在底部上升时，都会经历上升三角。所以，作为一名出色的狩猎者，只需在野兽必经之路设伏，即可收获猎物。有时，交易就这么简单。

（6）四根均线，甚至八根均线形成上升排列。

短期均线在上，长期均线在下，多根均线按照这样的次序排列，就形成了上升排列。这是上升趋势的典型标志。

在趋势市中，卖点出现时，均线通常呈现以下状态：

（1）K线下穿均线。

（2）均线向下，K线反弹后再次向下启动。

（3）单根均线从升转跌。

（4）两根均线形成死叉。

（5）三根均线形成下降三角。

下跌趋势的形成，最显著的信号是下降三角，所有个股在经历了低位至高位的上升趋势后，如果反转形成下跌趋势，都会出现下降三角的符号，在下降三角形成那一刻，即是全线清仓之时。作为狩猎者，要做的事情也很简单，避开或止盈即可。下降三角也称死亡三角，是提示下降趋势可能形成的警戒信号。

上升排列

图18-5 买方踊跃进场，形成上升排列

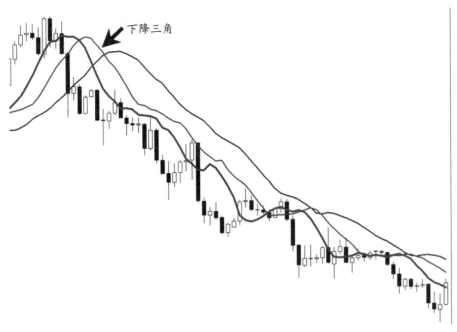

下降三角

图18-6　趋势转而向下，形成下降三角

（6）四根均线甚至八根均线，形成下降排列。

盘整市中的时空均线

在盘整市中，均线存在应用盲点。许多人只把均线系统成功的一面呈现出来，而对均线滞后的卖出盲点所能提供的解决方案并不多。时空均线是怎样解决这个盲点呢？

你可能发觉，在盘整市中，均线发挥作用是非常困难的。而且，在盘整市中，价格经常出现假突破。例如，价格先向上突破盘整市的上边界，进入另一个箱体运行，一切迹象都表明市场正在上涨。然而，上涨行情迅速终止，价格回落至突破前的盘整区域，接着继续下跌，直至击穿盘整区域的下轨。紧接着，又是一段走势凌厉且持续性较强的下跌行情。然后，市场又急转而上，走出一段飙涨行情。在盘整市中，出现的假突破是均线交易者遇见的最难受的情景之一。

其实，在盘整市中，时间周期同样发挥着作用，我们同样能在时间的转折点上看到价格变化。无论趋势市还是盘整市，价格都表现为周期循环式的波浪运动。

时空均线的盘整，通常发生在三个阶段：

（1）底部建仓区的盘整。

（2）主升段或主跌段的盘整。

（3）顶部派发区的盘整。

主升段或主跌段的盘整只是大趋势行进中的小插曲，采用均线的趋势交易方法即可。而顶部派发区的盘整，风险大，需要回避。这样，我们缩小范围，回到底部建仓期的盘整市中。

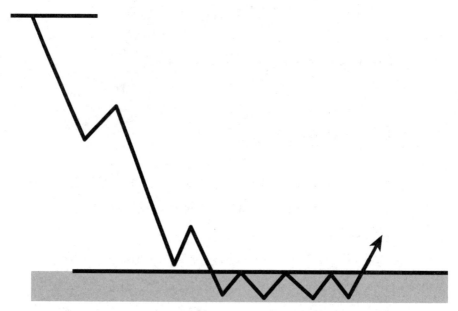

图 18-7　底部建仓区是安全的，这一区域，时空均线横盘，择低进场

第一章讲到了股价波动的四个阶段。底部建仓期是最安全的阶段，我们再加上一重保险——使用江恩的底部规则。

在 29 条交易规则中，江恩讲到了 2 条底部的规则。

在规则 2 中，江恩说："在双重底或者三重底买入。"

在规则 5 中，江恩说："创出三重底后，会有一次或多次回调，使得第四次底部高于前期底部，这是行情增强的信号，预示着价格将会走高。如果第五次底部价格高于之前的底部价格，那么，指标强烈指示一波上涨行情将会出现。"

在盘整市中，时空均线处于横盘状态，看似无序地波动。其实，股价波动的四阶段提醒我们：找到底部建仓区域，用低吸的方法进场。毕竟，在熊长牛短的中国股市中，追高毁三代，低买富一生。

当我们遇到盘整市，如果不考虑股价波动的四个阶段，只是简单地套用均线的趋势交易法，如"金叉买、死叉卖"，将会经常发生持续的短线亏损。这是因为应用均线的方法不对。在盘整市中，使用均线的趋势交易法，你需要承受大量的压力。

结 论

时空均线是江恩三大交易方法——时间方法、价格方法与形态方法的关键位置的综合体现。当时间到了关键的转势点，价格到达了重要的压力支撑位，形态进行了最终确认，时空均线才能出现绝佳的交易机会。时空均线是为了找到时间、价格和形态的最佳组合。

第十九章　江恩－晋源双轮交易系统

威廉·戴尔伯特·江恩
William D.Gann
1878. 6. 6—1955. 6. 18

当多种技术指标同时发出买入或卖出信号时，可能产生共振。

——江恩

导　读

　　江恩在《怎样从商品期货中盈利》一书中，讲到了使用共振进行交易的技术。他说："顺应大趋势，你总能赚到最多的钱。当大趋势向上时，等待小趋势下跌之后的再次上涨，此时买入股票，要安全得多。当大趋势向下时，等待小趋势反弹之后的再次下跌，此时卖出股票，要安全得多。"这就是双轮交易系统的应用场景。

　　江恩说："猛烈的火山爆发并不多见。维苏威火山每天都在喷发，但那只是一些小规模的活动。大规模的火山爆发大约每20年才出现一次。股票也是一样的道理。这些快速运动和大规模的井喷行情只会间歇性地出现。"

　　为了利用火山爆发一样的大型波动，作者制作了江恩－晋源双轮交易系统，既用来跟踪大型波动，以探测大趋势，又可以寻找同一方向的小趋势。这样，作者就可以利用大小趋势的共振进行操作。这个原理来自江恩的一句话。江恩说："波动方向有正负之分。趋势也有大小之分。"这意味着市场会出现共振关系，在同一时间，两种力量形成了合力，向同一个方向推动，从而产生了一边倒的力量。这种共振一旦产生，向上或向下的波动威力都很大。投资者一旦找到这个共振点，就能有更好的胜算，同时回避巨大的风险。

市场出现向上的共振时，意味着长期投资者、短期投机者在同一时间段情绪高昂，大家蜂拥入市买进。

市场出现向下的共振时，意味着大众又在同一时间段陷入了群体性的恐慌，大家纷纷抛出股票，价格狂泻，就像世界末日。

双轮交易系统，就是在大趋势和小趋势形成相同方向的运动时，才进场交易。它为交易者提供了双重保险。大趋势推动价格长期朝着一个方向稳定地运行。同向的小趋势推动着价格，让交易者一进场就容易获利。毕竟，顺应着大趋势的方向前进，让仓位产生盈利的波幅更长，赢面更大，赚到的利润也就更多。

下面，我们进入正文。

江恩说："那些与市场密切接触的人，已经注意到股票价格的涨涨跌跌，如同潮水的时起时退。"

图 19-1　顺应浪潮的冲浪者

趋势又有大小之分。江恩说："波动方向有正负之分。趋势也有大小之分。正如《圣经·以西结书》所述'轮中之轮'。"时空均线是为了捕捉正正关系。顺应着大趋势的方向，寻找与大趋势关系为正的小趋势，就成为双轮交易系统的核心。当我们钻研江恩的方法时，经常会看到两个词：谐动与振荡。当大趋势与小趋势和谐地在同一个方向前进，振荡就变得舒展有力，进而形成了上升趋势或下降趋势。

上升趋势的共振是怎样形成的？大趋势与小趋势交汇，在价格上到达了重要的支撑位，在时间上到达了重要的临界点，大的上升趋势与小的上升趋势发生了共振，共同推动市场向上。

下降趋势的共振是怎样形成的？大趋势与小趋势交会，在价格上到达了重要的阻力位，在时间上到达了重要的临界点，大的下降趋势与小的下降趋势发生了共振，共同推动市场向下。

在盘整市中，价格横向波动，没有趋势出现。

大趋势统治着小趋势

江恩是典型的趋势交易者，他使用周线图和日线图，解释了大趋势统治小趋势的现象。

江恩认为，大趋势向上，即使小趋势向下，只能产生上升浪中的短暂下跌，最后仍然敌不过大趋势向上的力量。首先要观察周线图的大趋势是否向上。只要周线图的大趋势向上，日线图的小趋势在下跌之后，还会继续向上。

江恩的原话是："当在日线图上形成时间四方形时，观察周线高低点图，注意股票是否处于强势位置，如果在日线图上股票先调整然后收复失地，使价格多次形成四方形，只要周线还向上，时间周期就还没结束，趋势就没改变。市场修正或调整，仅仅使小时间周期形成四方形，后来的大跌或大涨，才使得大时间周期形成四方形。"简单地说，就是"日线下跌时，观察周线，只要周线向上，就继续看涨"。原话中的"四方形"是江恩用来判定价格反转的技术。

大轮与小轮

我们可以把大趋势和小趋势想象成一大一小的两个轮子。大轮与小轮的核心是利用长期趋势和短期趋势的同向共振。

江恩利用大趋势与小趋势的共振，有些行家也注意到这个现象。查尔斯·道是备受推崇的道氏理论的创建者，罗伯特·瑞亚是道氏理论的传承人，作为著名的技术分析大师，他们也将市场趋势分为潮流、波浪，认为交易者应该沿着市场的潮流方向，同时利用次一级的波浪进行交易。波浪理论将驱动浪细分为五个子波浪，同样也是大趋势与小趋势的划分。

双轮交易系统的核心是价格、时间与形态。

在上升趋势中，价格到达支撑位，时间到达转势点，形态上出现向上的双重底、三重底等信号时，就是买入的最佳组合。

在下跌趋势中，价格到达阻力位，时间到达转势点，形态上出现向下的双重顶、三重顶等信号时，就是卖出的最佳组合。

大轮和小轮代表着长周期与短周期。交易者需要动用自己掌握的江恩工具，通过价格、时间与形态三个方向，借助大轮和小轮寻找共振。运用正确的工具就可以协助分析者判定形态、价格及时间的最佳组合。

大轮和小轮的向上共振			
轮 ＼ 三要素	价格	时间	形态
大轮	支撑	向上转势点	见底形态
小轮	支撑	向上转势点	见底形态

图 19-2　双轮的向上共振

大轮和小轮的向下共振			
轮 ＼ 三要素	价格	时间	形态
大轮	压力	向下转势点	见顶形态
小轮	压力	向下转势点	见顶形态

图 19-3　双轮的向下共振

大轮就像一位监察官，在主要上升趋势中只允许你买入或观望，在主要下跌趋势中只允许你放空或观望。你要么顺流而下，要么观望。

小轮就像一位执行者，只允许采用与大轮趋势同向的信号。大轮趋势向上，在小轮上只能寻找买进信号。

这与自行车运动相似。骑行者只需要踩下脚踏，就能驱动大齿轮，后面的小齿轮就会跟随着大齿轮运动。大齿轮向前，小齿轮也跟着向前。

图 19-4　自动车的大齿轮带动后面的小齿轮

实际上，在同一时点上，不同周期的趋势常有不同。例如，长期趋势显示的是一轮上升趋势，而短期趋势显示的是一轮下跌趋势，反之亦然。交易者必须识别出这种相互矛盾的信号，并在长期趋势与短期趋势保持一致时进场。

长均线与短均线

双轮交易系统可以用两根均线来创建。

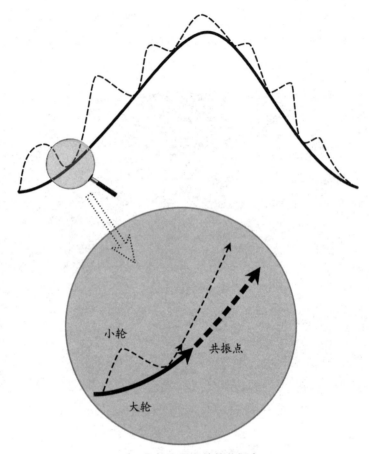

图 19-5　双轮交易系统的共振点

长均线代表着长趋势，它让你沿着潮流方向操作。长均线代表着更为广阔的价格空间，能让你分段加注，实施交易战略。使用长均线，你的视角就比竞争对手更为广阔，既能见树，又能见林。大周期长，才有较为宽阔的价格空间，才能够分段加仓。

短均线代表着短趋势，它利用了与长均线方向相反的回撤，并在回撤结束，与长均线方向再度一致时，寻找入场点。

均线是趋势跟踪特征最明显的指标。当长趋势向上时，只采用短趋势发出的买入信号，而忽略卖出信号；当长趋势向下时，只采用短趋势发出的放空信号，而忽略其买入信号。

双轮交易系统对每次操作进行过滤。许多操作第一眼看上去似乎很有吸引力，却被双轮系统最终否决。这套系统只寻找与长趋势同向的交易，通过了考验的操作，获利概率将大幅提高。

先寻找长线趋势的方向，再在长线趋势的时间框架里，寻找短线交易模式。双轮交易系统还采用了时间分析方法和形态方法，用于最后的趋势确认。

资金管理

恰当的资金管理是交易成功的根本。入市之前，就要限制初始仓位的大小，不要让风险超出江恩指出的极限值。

双轮交易系统同时使用了长期趋势与短期趋势的支撑位或阻力位，因此更具可靠性。它的本质是回撤进场，所以止损位设置得较窄。这是双轮交易系统的天然优势。一旦买进，就要按照江恩的方法设置止损单。一旦行情朝着有利的方向发展，就要尽快将止损位移到盈亏平衡点。

双轮交易系统采用金字塔式方法，它只顺着大趋势的方向操作，出现合理的加仓信号时，就要增加仓位。另外，如果某次交易不能迅速生效，那就表明市场背后发生了根本性的变化，此时最好赶快离场。之后，你才能旁观者清，重新审视市场。

交易心理

对于新手来说，可以从单笔交易练起。在双轮交易系统发出第一次信号时做多或做空，然后一直持仓不动，直到主要趋势反转或止损出局为止。这是基础的动作练习，后面再进行加仓的操作。

　　只有对交易系统完全满意、感到没有压力时，你才能从小笔交易中赚钱，然后，再进行多重仓位的练习。你可以使用交易日志，进行分析和纠正。验证一套系统的好坏，我们可以用自动化工具、历史数据检验系统的优劣，看看绩效曲线最终怎样，这叫历史测试。历史测试结束之后，这套系统好在哪里，差在哪里，哪些地方是它的软肋，你就有了一个初始的印象。下一步，你要做前行测试，就是按照自己的交易计划，进入真实的市场环境中，检验你的系统。这样，交易记录就自然生成了，你可以对着交易记录总结得失。这样，经过反复训练之后，你的交易动作对于绩效曲线有何影响，就会了然于胸。在交易心态上，由于你事先就能预测交易的后果，则会笃定平和，能够避开那些不当的交易。

　　总之，双轮交易系统融合了两种不同级别的趋势，你可以使用偏好的江恩工具，去跟踪大趋势的方向，同时，利用小趋势寻找进场点或出场点。这样，再加上良好的资金管理与交易心理，双轮系统能够让你"既见树，又见林"，在掌握大局的同时，又有细腻的交易动作。

第二十章 四方图

威廉·戴尔伯特·江恩

William D.Gann

1878. 6. 6—1955. 6. 18

当时间与价格形成四方时，转势便近在眼前。

——江恩

导　读

　　如果读过江恩原著的话，你会看到四方图和九方图这样的名称。原文中都包含"Square"这个单词，它在英文里既代表正方，又代表平方，隐含着趋势反转的意思。

　　江恩认为，当价格与时间形成"Square"时，就意味着趋势要发生转折。怎样才能破译这个"Square"呢？江恩的四方图被认为是最快的捷径，作者将在本章引导读者进入神秘的江恩交易地带。

下面，我们进入正文。

在江恩交易生涯的晚期，他主要使用一些大师图表研究市场。这些图表的灵感可能来自古老的埃及或印度，在 1934 年之前，这些图表并没有在江恩的研究资料中出现过。江恩曾经数次到访印度与埃及，似乎在当地接触过一些智者，从他们那里学到了很多的预测方法。注意，大师图表或许代表了江恩交易生涯的终极贡献，除非透彻了解江恩理论的基本工具，否则不要轻易尝试它们。这类图表的运用必须具备许多背景知识。

大师图表

江恩的大师图表包括四方图、九方图、六边图等。

江恩九格四方图又名九九归一图。它 9 行 9 列，共有 81 个单元。

9	18	27	36	45	54	63	72	81
8	17	26	35	44	53	62	71	80
7	16	25	34	43	52	61	70	79
6	15	24	33	42	51	60	69	78
5	14	23	32	41	50	59	68	77
4	13	22	31	40	49	58	67	76
3	12	21	30	39	48	57	66	75
2	11	20	29	38	47	56	65	74
1	10	19	28	37	46	55	64	73

图 20-1　九格四方图

　　将数字 1 放置在图中左下角的第一个单元，其他 80 个数字按照图 20-1 分布。这张图主要用来预测转势时间，也可用来预测价格的支撑位或阻力位。

　　江恩认为，价格会遵循着一个神秘数字的四方形的支撑或阻力位置运行。这个神秘数字与振动法则息息相关。只要识别出了其中的独一无二的波动率，就能利用波动率提示的共鸣关系，找到引发趋势反转的时点。

　　除了九格四方图，江恩还使用了 12 格四方图、19 格四方图、36 格四方图、52 格四方图及 90 格四方图等。波动率与江恩发明的独特的大师图表有关，这其中也包括四方图。江恩四方图中每相邻数字之间的差值，实际上就代表市场波动率。江恩的大师图表都有相同的原理，

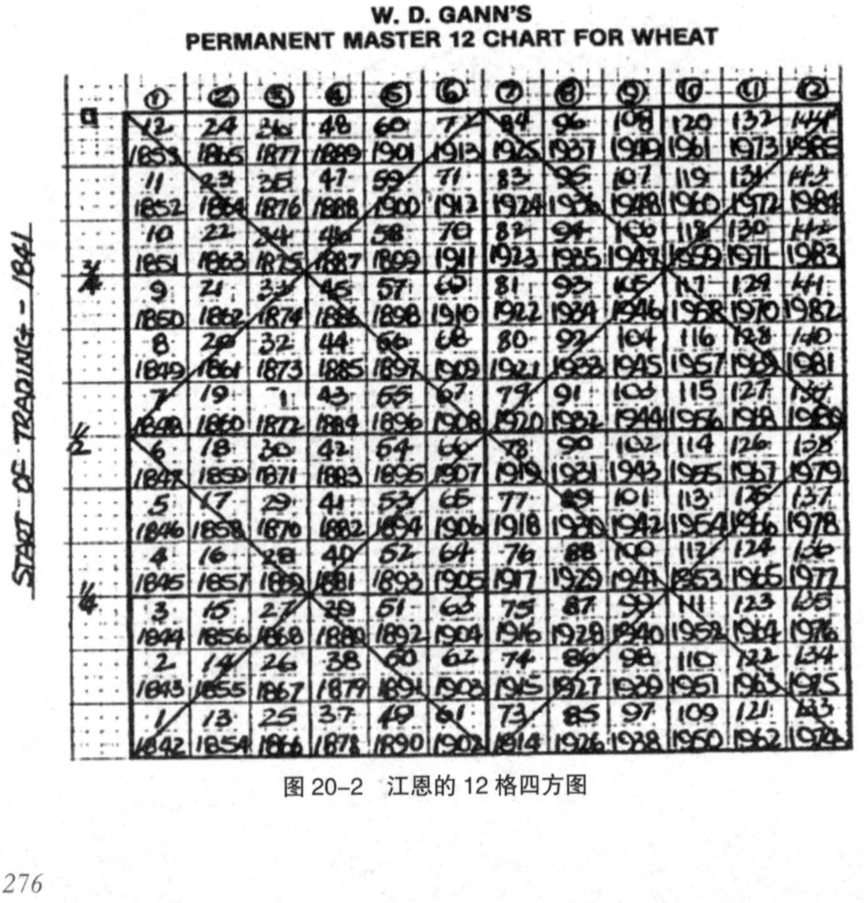

图 20-2　江恩的 12 格四方图

彼此侧重点不同，但是贯彻始终的，正是波动率这个主线索。江图所有的大师图表都围绕着波动率展开，对江恩圆形代表的循环进行研究。

以图 20-2 为例，这就是江恩的 12 格四方图。江恩框出了一个 12×12 的正方形。这个正方形是以第 144 个格为结束（12×12=144）。江恩之所以这样做标记，是要表明走完一个四方形，就是完成一个期货合约所需的交易天数。从合约的诞生到结束，代表着一个完整的周期。

江恩是位非常认真和敬业的交易者。作者在翻看江恩的著作时，都会想到江恩痴迷于研究的情形。他研究牛顿的万有引力、开普勒的行星定律、法拉第和安培的电子现象，还有伽利略的钟摆原理。江恩也研究一些古老的书籍，例如《圣经》和欧几里得的《几何原本》。

江恩的交易体系非常华丽，实际上，你只需要其中的部分方法，就能建立完善的交易系统，所以，一向有"半部江恩治 A 股"的说法。不过，要想完整地理解江恩的著作，并不是容易的事。他的视角恢宏庞大，在理解江恩的一些字句时，你感觉就像猜谜一样。

我们来看看江恩的一个故事。

冬天的时候，江恩会搬到温暖的迈阿密居住。在那里，1 月的平均日间气温在 20℃以上，远离了纽约的寒冷。江恩用电动割草机除草时，不小心把电线弄坏了。他的一个朋友来帮忙，江恩非常感谢他。江恩说："我知道你做多大豆，最好在今天收盘前，把多头仓位都清空。"据这个人回忆，江恩后来一直待在屋子里打电话，他猜江恩在抛出多头仓位。1948 年 1 月 15 日，大豆 5 月合约在 436 美元见顶。正如江恩预测的，大豆价格从那一天见顶后一路走低。这个 436 美元的价格是之后 25 年的大顶。

正因为江恩的预测引人入胜，许多交易者孜孜以求地研究江恩，希望破解他交易理论与方法中的秘密。雷蒙德·A. 梅里曼为世界最知名的金融占星师之一，也多次出任国际占星研究协会主席。他说："周期的概念适用于所有金融市场，市场行情依次从低点走向高点，再从高点返回低点，80% 的情况下，总是在时间地带定期发生。20% 的情况下，这些周期会发生在时间地带之外，它们被称为扭曲。"

另外，MACD 发明人阿佩尔、RSI 发明人威尔德，他们在研究生涯的后期，都转向了时间周期的破译。

单词"周期"这个词源于希腊语中"圆圈"一词。江恩在预测时，对日期做了许多标注，但是很多时候都集中在一些特定时期。这些时期突出显示了重大的天体现象，通常带有特定注释。可以清楚地看到

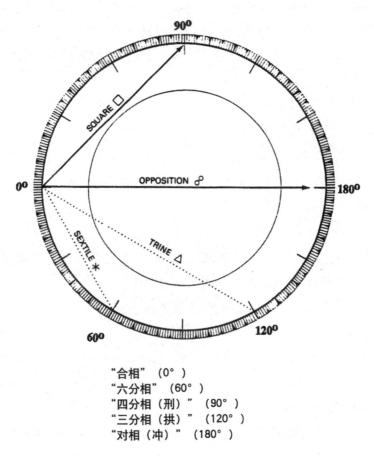

"合相"（0°）
"六分相"（60°）
"四分相（刑）"（90°）
"三分相（拱）"（120°）
"对相（冲）"（180°）

注：图中有一个"Square"的单词，被视为理解四方形的一个线索。

图 20-3　江恩在研究天体现象中使用的行星相位

江恩正在追踪的行星，并且进行了非常特殊的计算。

从江恩的私人信件中得知，江恩在晚年确实向他的一些学生披露了他的天文学方法，尤其是在买卖大豆、棉花和咖啡等商品时。农作物似乎成了江恩的吉祥物。他76岁的时候，通过买卖大豆和咖啡，赚了很多钱。于是，他买了一艘高速巡航船，起名为"咖啡豆"。天体符号在江恩的许多手稿中都有发现。江恩还建立了自己的图形星历表，跟踪沿黄道带的行星运动，这就是江恩所说的"行星之路"。他利用行星经度来预测价格水平！

江恩也研究经济繁荣与衰退、干旱、小麦、棉花和股票等的时间周期。江恩的图表中涉及了一些特殊的期货品种，例如洋葱、丝绸、兽皮、猪油和羊毛。实际上，江恩在他的职业生涯早期，也花了大量时间研究自然界的法则。他的研究将价格和时间结合在一起，这也成了他的特色。

延伸阅读

12格四方图

比利·琼斯后来买下了江恩的原始手稿。他说："你可以把江恩法则用在你的行当里。12格四方图可以用在期货品种或股票上，也可以用在你自己从事的行当中，如果你是一个牧场主，养着一些奶牛和小牛犊，或者做些肉牛生意，你也可以把这个图表用于你的畜牧生意上，也制作这样一个图表，将它与你的生意周期联系起来，我确信这个图表可以用来预测我所交易的期货或股票的周期变化。"

另外，江恩也使用20格四方图。琼斯说："江恩研制了20年周期预测图，也就是20格四方图。1792年，纽约证券交易所开业，道琼斯指数随之诞生。按照江恩的这张预测图，道琼斯指数的底部出现周期应该是每 20 年一次。也就是说，道琼斯指数应该在 1802 年、1822 年、1842 年、1862 年、1882 年、1902 年、1922 年、1942 年、1962 年和 1982 年分别见到它的低点，事实上，所有这些都应验了。"

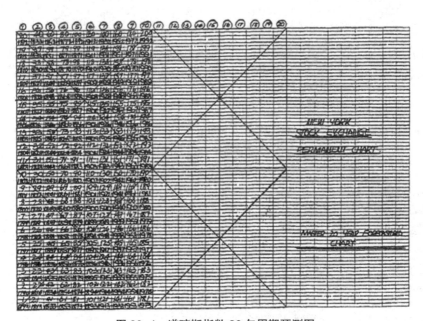

图 20-4　道琼斯指数 20 年周期预测图

第二十一章 晋源谈自动化交易

威廉·戴尔伯特·江恩

William D.Gann

1878. 6. 6—1955. 6. 18

越简单越好。

——巴尔塔沙·格拉西安

导　读

　　江恩的许多工具都可以进行编程，从而实现自动化，减轻人的负担。无论人工交易还是自动化交易，都有可取之处。一些基金经理有成熟的投资理念，通过简单的人工交易，硕果累累。有些量化交易者，通过超级计算机，同样表现不俗。人和机器之间并非是你死我活的竞争，而是能够互补的。自动化交易可以减轻人的负担，成为交易生活中的好助手。

下面，我们进入正文。

交易者往往会模拟交易，然后开户入市。新手入市通常能赚钱。他们的第一笔单子亏损之后，也不害怕，再买上一批股票，把平均成本降低，等到价格涨上去，把股票全部卖掉，赚些小钱，心满意足。一些有悟性的新人甚至会做出盈利加仓的动作，很快就能赚到人生的第一笔投资收益。

但是好景不长，新手没有成熟的交易系统，加上人性的贪婪和恐惧，当他们在熊市初期采用这套方法时，很快就会遭遇损失。再加上每天盯盘，心情随着盈亏涨涨跌跌，时间久了就身心疲惫。另外，新手社交圈子窄，也容易产生消极情绪，做错误决策，容易陷入恶性循环，甚至被淘汰出局。就算辛辛苦苦赚了一些钱，但是新手依然要承受精神压力，日常盯盘和管理交易花费了许多时间，晚上也休息不好。这与健康的生活方式相悖。

自动化交易的优势

一部分交易者意识到人工交易的局限后，就会逐渐转型，开始进入半自动和自动化交易的阶段。他们利用筛选器，扫描数以千计的股票，研究基本面和技术面的历史数据。

作者自己喜欢这样干：从江恩的原理出发，开发数十种策略，对它们进行编程，进行多次历史测试和前行测试。只需要性能强大的计算机，作者就能结合多年的历史数据，对策略进行历史测试，查漏补缺。前行测试就是把策略直接应用于当前的市场，看它在真实市场中效果如何。

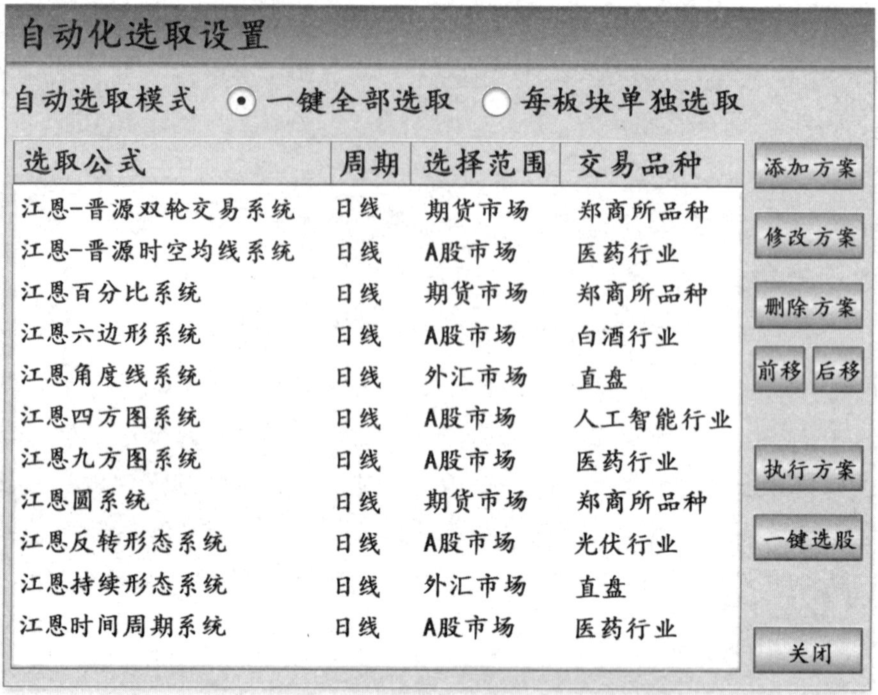

选取公式	周期	选择范围	交易品种
江恩-晋源双轮交易系统	日线	期货市场	郑商所品种
江恩-晋源时空均线系统	日线	A股市场	医药行业
江恩百分比系统	日线	期货市场	郑商所品种
江恩六边形系统	日线	A股市场	白酒行业
江恩角度线系统	日线	外汇市场	直盘
江恩四方图系统	日线	A股市场	人工智能行业
江恩九方图系统	日线	A股市场	医药行业
江恩圆系统	日线	期货市场	郑商所品种
江恩反转形态系统	日线	A股市场	光伏行业
江恩持续形态系统	日线	外汇市场	直盘
江恩时间周期系统	日线	A股市场	医药行业

图 21-1　不同的江恩工具可以形成多种交易系统

自动化交易能够减轻人的负担。

使用自动化交易系统，可以同时轻松自如地面对多个市场，面对数千只股票，能够获得自动化的提醒，选出符合标准的股票，还能排除情感因素，不再疑虑。自动化交易就像是利用机器人装配汽车，所有的装配工作都是由机器人完成的。在机器人组装汽车时，传送带上的工作，完全由机器人完成，没有人类的决策和参与。但是，对机器手臂进行编程，指定它的工作内容，则需要人类的决定。

在自动化交易中，具体选择哪个股票，买卖多少量，什么时候卖出，这些决策可以由电脑程序控制。但是交易员会在顶层进行决策，例如，使用哪套系统来选股，如何识别风险的大小并分配资金，切换到哪个行业，等等。

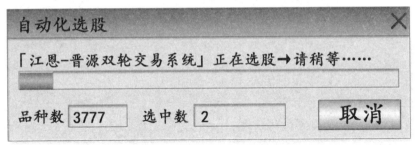

图 21-2　将江恩方法编程后，可以快速从数千只股票中选股

自动化交易的局限

完全自动化的稳定盈利的投资系统，是每个自动化交易玩家的梦想，就像造出一台印钞机，只要把机器打开，便可以源源不断地赚钱一样。你可以睡大觉，过上自由生活，面向大海、春暖花开。你的这台机器正在快速攫取财富，在零和博弈的股票市场，你比对手已经大幅领先。然而，这样的自动化系统还没有公布于世。以西蒙斯为代表的大奖章基金在自动化交易方面，取得了不俗的进展，他们把核心的交易方法视若珍宝，不会轻易公开。但是，自动化交易也存在着局限。

自动化交易比较占优的市场，通常有着丰富的历史数据和可靠的市场规则。有了海量的数据，就能进行测试和分析，摸索出其中的可重复性规律，编成代码，让机器忠实地执行。市场规则如果稳定可靠，一些历史模式就会得到重复使用。自动化交易的核心，在于发现这些可靠的规律，并在未来的重复中获利。只有市场规则稳定透明，才不受那些无法预测的"意外事件"的影响。在当前的市场上，需要交易者辨别许多噪声。假设，上市公司在财务上作假，虚报盈利，用于自动化交易的机器人就没有那样强的识别能力，容易得到错误的结论。而某位基金经理懂财务报表，熟悉做假账的方法，他就能看出虚假数据的端倪，离真相更进一步。另外，对于几十年一遇的黑天鹅事件，由于没有充足的历史先例，机器人面临更多的考验。

江恩交易方法的自动化应用

江恩进行了50多年的交易，他的交易工具和规则清晰明确。江恩以下交易工具都可以实现自动化：

（1）江恩百分比的自动化；

（2）角度线的自动化；

（3）江恩圆的自动化；

（4）江恩趋势指标的自动化；

（5）江恩三日转向图的自动化；

（6）江恩九方图、四方图的自动化；

等等。

这些自动化的江恩工具，为交易带来了便利，并且与许多主流工具形成互补。图莎尔·钱德和斯坦利·克罗在《技术分析新指南》指出，就算最好的指标也不可能百分百的准确，存在一定的失误率，交易者使用的本身就是"近亲"的不同类型指标，并不能实现风险分散。这就需要有特征不同的工具形成互补，增强分析的准确度。江恩工具的特点十分鲜明，是合适的备选。

人工交易与自动化交易的互补

有人会问：到底人工交易好，还是自动化交易更好？值得欣慰的是，打开私募基金的排行榜，一些基金经理已经建立了成熟的投资理念。他们通过人工交易，在复合增长方面，取得了丰硕的成果。在自动化交易方面，以西蒙斯为代表的量化交易派同样表现不俗。

人和机器之间并非是你死我活的竞争，而是能够互补的。一旦进入自动化交易，就能减少大量的人工劳动，更快地获取交易机会。程序会自动发出预警信号、下单、平仓。你的任务就是监控风险，优化策略。作者钟情于江恩交易方法，在接近 30 年的实战生涯中，交易之余热衷编程，也为国内一家知名软件公司提供江恩分析工具。另外，国内很大一部分职业交易者分布在一线城市，与他们交流之后，作者发现职业交易者的赚钱手法大同小异，只是有些人有了自动化交易的支持，交易显得更为轻松。

经过测试的结论：在底部和回撤时买入

中国股市的特点是熊长牛短。经过许多历史测试之后，作者倾向于在回撤时买入，而不是在股价向上突破时买入。作者倾向于在底部建仓区进场，而不是随意追高或在趋势末段的泡沫期进场。毕竟，交易的目标是低买高卖，任何生意都是如此。市场出现高点时，大众情绪兴奋，媒体也热衷于报道各类交易英雄的故事。牛市末段，往往涨幅大，涨速快，容易把人引诱进去。面对这种乐观的市场氛围，作者非常谨慎。

中国股市为什么熊长牛短？从顶层设计讲，中国的资本市场首先是为上市公司服务的。企业上市之后，可以发行新股筹集资金，解决经营问题。公司的品牌形象因上市得到提升，无形中也会获得更多的合作资源。只是这些上市公司发行的股票数量太多，并且向公众发行股票时，以过高的估值发行。所以，交易技术再高，遇到过量的股票供应时，你也没有太多办法。这就相当于你一上赛道，就面临着顶风。面对这样的市场形势，你不要着急，只是投资要非常小心。因为投资股票，最终都要落实到企业的盈利能力上，中国有着赚钱能力极强的公司。当企业赚钱能力强，盈利源源不断时，从长期来看，股价的上涨是自然而然的。所以，你有两种选择：挑中这类赚钱能力强的公司，在底部建仓期就持有，并且长期投资；或者，你在这类股票呈现很强的上涨趋势时，利用回档进场做顺势交易。

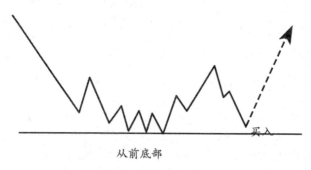

图 21-3　选中优质公司的股票，在底部建仓区买入

在注册制的大环境中，未来很多缺乏竞争力的公司会走向没落，甚至许多很有名的公司都将面临倒闭的风险。正因为许多公司面临着不确定性，难以判断未来的前景，所以投资要非常谨慎。在起起伏伏的市场中，只靠血肉之躯难免承受压力，就让自动化交易成为你的得力助手吧。

第二十二章　股价元气：行业与公司

威廉·戴尔伯特·江恩

William D.Gann

1878. 6. 6—1955. 6. 18

你要选择有前途的行业。

——江恩

导　读

　　江恩并非只痴迷于预测股票涨跌和研究技术指标，他还精心研究朝阳行业，判断哪些行业规模巨大，能够赚到大钱。同时，他也研究上市公司的经营层面，寻找特别能赚钱的公司。只是在熊市中，受到大众情绪的影响，这类公司的股价也会有暂时的下跌。但是，这类公司业绩持续增长，股价比较抗跌，在牛市到来时，在乐观的市场氛围中，容易创出新高。

下面，我们进入正文。

江恩重视行业。他曾说："密切注意不同行业，紧跟领涨的行业。多年以前，运输和铁路行业领涨。后来，铜业繁荣起来了。之后，汽车、橡胶和石油行业又领涨。你要选择有前途的行业。"江恩认为，行业有特定的兴衰周期。他说："很多年前，公共马车类股票涨得好，你买了它们就会挣钱，但是后来这个行业没生意可做，这个行业的股票也就没戏了。其后是运河类股票，你买了这些股票也能挣到钱，但是其他运输方式的出现降低了水运的业务量。后来轿车出现了，抢了铁路的生意。现在又有了飞机，它不仅会抢铁路的生意，以后还要抢轿车和卡车的生意。飞机将是未来交通模式的主宰。买卖航空类股票，将比买卖铁路股或汽车股带来更多的收益，你如同几年前关注汽车股那样，不得不将航空类股票的走势视为市场的风向标。"江恩说："航空业的未来是有保证的，它会成为人们将来穿越大西洋和太平洋，以及环球旅行的交通模式。它们的业务量会逐年递增，而投资者如果关注航空类股，并能够按照我提供的交易法则，严格遵循个股的趋势进行操作，就会像以前买卖铁路类和汽车类股票那样获得丰厚利润。"

在选好行业后，江恩会选择该行业中的龙头企业，因为龙头企业的赚钱能力强。江恩说："即使在同一个行业里，公司表现也各有不同。以汽车行业为例。有一家汽车公司生意兴隆，财源滚滚，同时，另一家汽车公司却濒临倒闭，压根没生意做。它们的股价也会分化。"江恩说："从长远来看，活跃的龙头股会带来更为丰厚的利润。""你必须知道个股的财务状况是强还是弱。如果人们普遍认为一只股票的财务状况很强，想用卖出来吓唬交易者是并不容易的。如果大家普遍认为一只股票基本没有内在价值，想通过操纵市场把价格强制维持在顶部也并非易事。"

江恩通过专利、管理水平、现金流甚至公司理财水平等，来识别企业的赚钱能力。江恩举例说："作为零配件的制造商，斯佩里公司掌握一些最重要的导航专利，包括斯佩里陀螺仪和罗盘，以及自动驾驶仪等。泛美航空公司是所有航空公司中管理水平最佳的公司。它过往的业绩记录都很出色，收益也在不断增长，而且今后还会毫无疑问地一直增长下去。联合航空前景一片大好，公司有着充裕的现金，随着客运业务持续增强，公司收入也会持续提高。国家航空公司也是一家投资信托公司，持有很多其他航空公司的股票。我看好该股的前景，应加以关注，可以在底部信号出现时买入。"

　　江恩是顺势交易者。在一个朝阳行业中，用户需求旺盛，营业收入规模巨大。其中的优质公司有着稳定增长的利润，有着众多的支持者。这类公司是稀缺资源，也是大众追逐的投资对象。物以稀为贵，大盘下跌时，它们在股价表现上比较抗跌，下跌空间小。大盘上升时，它们的上升空间又很大。在牛市氛围里，这类优质公司会成为大众优先买进的对象，股价往往创出新高。所以，操作这类优势公司的股票，最重要的就是顺势持仓，满仓买到好股后，要在趋势中拿得住才行。

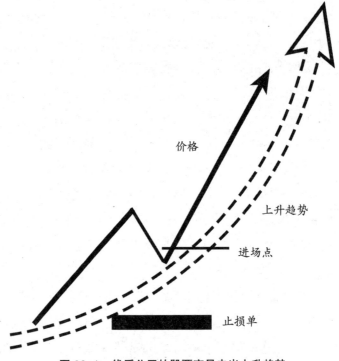

图 22-1　优质公司的股票容易走出上升趋势

江恩说："要顺应这种趋势，而不是逆势而动，才能赚取大笔的利润。"在趋势行进时，底点和顶点都是逐渐抬高的。那些长线大牛股走出十倍、百倍的行情，是因为背后的上市公司属于朝阳行业，有着连年增长的盈利，能够在市场上赚到超额的利润。

　　夕阳行业是行业总体趋势下降的行业，产品销售总量在持续时间内绝对下降，用户需求减速或停滞。这样的行业包括机械钟表、传统相机、机械式英文打字机、家用缝纫机等。巴菲特曾经说过："一位能力出众的 CEO，加入一个没落行业的公司，通常他挽救不了公司的颓势。"看来，男怕选错行的说法，古今中外都是适用的。既然夕阳行业的大趋势向下，无可挽回，江恩就会在熊市悲观的市场气氛中，做空没落行业的股票。

　　江恩研究企业的商业模式，调查行业的竞争情况，并且努力获得

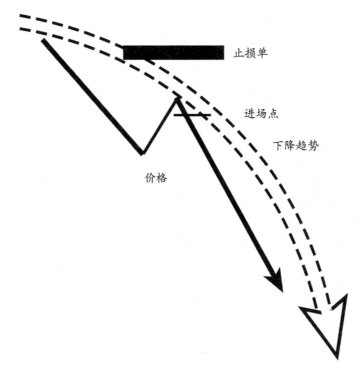

图 22-2　利用大众的恐慌情绪在下跌趋势中做空

详细的一手信息。江恩有着研究行业与公司的习惯。为了对航空业有更深入的理解，江恩在 1932 年购买了他的第一架名为"孤星"的飞机，1936 年 7 月又购买了"银星号"，这是美国第一架服务于私人的全铝外壳飞机。为了调查棉花和小麦的收成，江恩雇用了著名的女飞行员埃莉诺·史密斯，并与斯汀森·赖兰特一起，从空中俯瞰农作物，进行一线的调研。这样的活动，他持续了 19 年。

　　江恩说："美国或外国发生战争时，飞机制造公司就会获得大笔的收益。航空业未来必将迎来爆发，它服务于战争，有着巨大的市场空间，所以，需要坚定地投资于航空业。"事实上，江恩看对了方向。1939 年之后的 6 年，全球工业迅速增长，第二次世界大战中各国制造了数量庞大的武器，其中最为突出的就是飞机数量爆炸性增长。如今，

图 22-3　江恩使用飞机进行调研

全球飞机总数量大约是 45 万架，而第二次世界大战中飞机总产量是 79 万架，当今这个数字仅相当于后者的 57%！

图 22-4　第二次世界大战期间，美国飞机产量超过 30 万架，战后刻意压缩了产能

　　对于中国而言，又有哪些行业有着更好的前景呢？

　　那就是医药行业。我国第七次人口普查数据显示，全国人口共 14.1 亿人，其中 65 岁及以上人口有 1.9 亿人，占 13.5%，中国正在向中度老龄化社会迈进，并且，从中度跨向重度老龄化社会，已经离我们不远了。为了解决这个问题，中国正在实施三胎政策。无论老年人，还是婴幼儿，都是容易患病的人群，所以医药行业的确定性最高，收益最大。

　　我们以日本为参考来看看中国医药行业的前景。日本已进入老龄化时代，股市的估值一直下跌，然而日本的医药行业非常繁荣，大医药公司的股价持续上涨。日本的医疗科研水平处于亚洲第一、世界前三的高端水平，在亚洲获得诺贝尔生理学或医学奖最多，并且有着武田、泽井、杏林、小林等多家优秀的制药企业。日本的医疗诊断仪器，如医疗机器人、人体影像技术等处于国际领先水平。在中国，特别是中医药行业不需要像西医那样投入巨大的成本，并且一些传统老字号药方在治疗效果上广获好评。所以，中国医药行业是有前景的，将来会涌现一批大市值公司。这也是作者重视医药公司的原因。另外，对企业进行动态跟踪，能提前识别风险，获得机遇。在证券市场投资，最大的风险来自企业的经营风险。可以跟踪简单易懂的企业，只需要搞清楚它每个月的经营状况就行了。这样，投资就有把握，而不会遭遇企业退市的风险。

图 22-5　作者（前排右一）认真调研企业

图 22-6 作者调研海马汽车

江恩明确地寻找预测圣杯，但这并不意味着他忽略了行业的潜力与企业的价值。切记，江恩不是纯粹的技术分析者，他从来不相信"一把直尺走天下"。江恩也寻找规模巨大的朝阳行业，从中挑选赚钱能力强的优质公司。江恩的很多发现都是超前的，他还留下了令人称奇的交易记录、丰富多样的实战图表，以及珍贵无比的知识宝藏。他用无羁的好奇心，探求健康的交易生活，强调积极的心态。这一切，在其《魔词》一书中初见端倪。作为江恩的忠实跟随者，作者为他广阔的视野和稳重的态度深深吸引，并在推动江恩交易实战化与自动化方面，努力奉上微薄的力量。感念江恩，让我们因为他，能够在书中结缘，走上奥妙神奇的江恩交易之路！

附录　江恩生平

　　威廉·戴尔伯特·江恩 1878 年 6 月 6 日出生于美国得克萨斯州的卢浮金市。他的祖父约在 1836 年从田纳西州迁到这个棉花产区。他的父亲塞缪尔·休斯敦·江恩从事牲口的买卖，同时，经营着一家台球厅。母亲苏珊·丽贝卡·江恩用《圣经》教育江恩，使他成为一名虔诚的基督徒。由于长久学习《圣经》，江恩从中琢磨出周期循环理论。

　　江恩小时候家庭很穷。塞缪尔、苏珊辛苦地抚养着 8 个孩子。作为长子，江恩很小就到棉花仓库干活。1894 年，他 16 岁时，离开了全日制学校，在往来于特克萨卡纳和泰勒的火车上卖报纸、食品等。他晚上自学课程，保持着终身学习的习惯。他在数学方面一直表现很好。

　　江恩的职业生涯始于特克萨卡纳的一家经纪公司。1901 年，在这家公司工作期间，江恩与第一任妻子丽娜·梅·史密斯结婚。

　　1902 年，江恩 24 岁时，在棉花期货里做了第一笔交易，赚得不多，却是他丰富投资生涯的开始。他们的第一个女儿诺拉在这一年出生。

　　1903 年，江恩 25 岁时移居纽约，在华尔街的经纪公司工作。他察觉到许多客户的错误，从中吸取了教训，完善了自己的投资策略。

　　1905 年，他的第二个女儿梅西·伯尼·江恩出生。此时，江恩已经小有名气，报纸上刊登过他对棉花行情的预测。在职业生涯的早期，江恩开发出了很多非比寻常的技术手段，这些都是属于他的创造发明。

　　1906 年，江恩在俄克拉荷马城担任经纪人。

1907 年，江恩预测了股票的恐慌和大宗商品的下跌，因此获得了丰厚的利润。

1908 年，江恩在纽约经营着自己的经纪公司。他既交易股票，也交易期货，还管理客户账户，提供绘制图表的服务。这一年，30 岁的江恩与丽娜离婚，并与第二任妻子，19 岁的萨迪·汉尼结婚。他的两个女儿搬到纽约与父亲住在一起。正是在这一年，他发现了自己的"主要时间因素"。有记录显示，1908 年 8 月，江恩入市时起步资金为 450 美元，而在 30 天里，他赚了 37,000 美元。他还有两个交易账户。一个初始金额是 300 美元，他在 3 个月内赚了 25,000 美元。另一个账户的初始金额为 130 美元，而他在 30 天内赚了 12,000 美元。

1909 年，萨迪生育了一个女孩，叫维尔玛。另外，《股票行情与投资摘要》的编辑理查德·威科夫讲述了江恩的预测能力和实战能力。江恩在这一年声名鹊起。

1910 年，江恩写下了他的第一本书《如何使证券投机成为有利可图的职业》。他还向客户提供交易通讯。

1914 年初，江恩预言了第一次世界大战和股票恐慌。

1915 年，江恩的儿子约翰出生。约翰是第二次世界大战的飞行员。江恩与约翰有过非常亲密的父子关系，两人一起经营公司和创作书籍。遗憾的是，后来父子失和，特别是江恩娶了比他年轻 30 岁的第三任妻子之后。

1918 年 3 月，江恩成功预测了第一次世界大战的结束和德意志帝国皇帝威廉二世退位。他的预言在包括《纽约时报》在内的许多报纸中得到了认可。

1919 年，江恩开始对股票和商品市场进行年度预测，并记录在《供求通讯》中。他每天都会公布股票和商品的研究信息。

江恩在一生中写了许多书，《江恩股票市场教程》《江恩商品期货教程》《时空隧道》和《华尔街 45 年》，等等。在职业生涯后期，他以每人 5,000 美元（约为今天的 50,000 美元）的学费，向学生教授"大师课程"。

1923 年，江恩撰写了《股价波动的真相》。这本书被《华尔街日报》誉为有史以来最好的交易类图书。在 60 天内，江恩交易棉花的收入超过 30,000 美元，而他的启动资金不足 1,000 美元。江恩在本书中强调了公司基本面，认为能赚钱的公司才能支持股价上涨。这与技术分析的鼻祖之一查尔斯·道观点相合。"价格涨跌，与投资者对企业未来盈利的判断相关。未来盈利高，价格就高；未来盈利低，价格就低。"

1927 年，江恩写了《时空隧道》一书。多年来，许多交易者试图推导这本书的秘密，但少有人成功。这本著作涉及空中的未来战争，预测了国家兴衰，谈到了股票和商品市场的时间周期和交易规则。神秘的爱情故事与科学知识交织在一起，既深刻，又有趣。

1928 年，江恩成功地预测了 1929 年 9 月 3 日的牛市顶峰，并预测史上的最大恐慌近在眼前。

1930 年，江恩撰写了《选股之器》。他在这本书中描述了 1931—1933 年的市场状况。

1931 年，江恩成为纽约橡胶交易所和新奥尔良棉花交易所的成员。

1932 年，江恩向大客户提出了在大萧条低谷时期购买股票的建议。

1936 年，江恩撰写了《新股票趋势探测器》，并购买了他专门制造的全金属飞机"银星"。他是美国第一位私人拥有金属飞机的人。他购买了多架飞机。他的飞行员是埃利诺·史密斯。江恩还购买了房地产和大功率的游艇。

1937 年，江恩撰写了《如何从期权交易中获利》。他在这一年与第二任妻子萨迪离婚了。

1940 年，江恩撰写了《面对美国真相》，讲到了美国政府新政的主要问题及其后果。

1941 年，江恩成为著名的芝加哥交易委员会的成员。他强烈反对罗斯福及其新政。当时美国政府的预算达到峰值，而福特汽车公司由于严重缺乏销售而不得不停产一年。同年，江恩撰写了《如何从商品期货中获利》。其 1941 年的原始版本由江恩和他的儿子约翰共同创作。

1942 年，江恩的第二任妻子萨迪去世，享年 53 岁。

1944 年，他与比自己年轻 30 岁的第三任妻子朗迪结婚。江恩对她宠爱有加，导致江恩与儿女们关系紧张。江恩后来移居到佛罗里达州的迈阿密。那里气候温暖，他进行交易，投资房地产，并继续教授他的学生。

1948 年，江恩年纪老迈，精力难以兼顾公司的经营，于是将公司卖给了密苏里州圣路易斯的约瑟夫・莱德勒。

1949 年，江恩出版《华尔街 45 年》。根据这本书的影响力，国际马克・吐温学会授予江恩荣誉会员资格。

1950 年，江恩撰写了《魔词》。这是他对圣经文学的贡献。

1951 年 5 月 23 日，江恩与爱德华组建了兰伯特・江恩出版公司，委托该公司出版江恩的所有书籍和课程。江恩更新并重印了《如何从商品期货中获利》。其 1951 年的版本取得了巨大的成功。

1954 年，江恩 76 岁。他在一次非常成功的商品交易中获利，买下了一艘高速巡航船，起名为"咖啡豆"。江恩的大师课程于 1954 年以 5,000 美元的价格售出。这一年，江恩心脏病发作，不久后便发现患有胃癌。

1955 年，江恩 77 岁，因病从古巴返回美国。他多次去过古巴，对彩票和赛马颇有兴趣。江恩这一年的身体非常虚弱。他的儿子约翰将他从佛罗里达带到纽约，并安排他在布鲁克林的卫理公会医院接受治疗。江恩于 1955 年 6 月 18 日下午 3 点 20 分，在纽约布鲁克林的卫理会医院病逝，享年 77 岁。他多姿多彩的一生结束了。他的坟墓在格林伍德公墓的小山上，那里能够俯瞰曼哈顿和华尔街。

后来比利・琼斯和尼基・琼斯购买了兰伯特・江恩出版公司及该公司拥有的全部版权，积极地宣扬江恩的学说。

《江恩商品期货教程》+《江恩股票市场教程》

◎ 江恩生前仅有的两部亲授课程，并称为江恩大师不传之秘

◎ 美国江恩公司独一授权，专享彩印江恩大师技术图手稿

◎ 附赠美国江恩公司原版讲解视频，由3位江恩理论权威专家讲解

《江恩技术研究》
（江恩手稿精解）

◎ 比利·琼斯十年心血汇聚

◎ 权威透彻的江恩理论研究

◎ 深度发掘江恩不曾示人的技术分析手段

《江恩教程图表册》

◎ 江恩大师图谱手稿精选

◎ 核心教程图表册首度面世

◎ 采用原版尺寸原色印刷

江恩自然正方形计算器

◎ 美国江恩出版公司独一授权的江恩计算器中文版！

◎ 5层复合结构，按江恩原图制作

◎ 3位国际导师亲自授课讲解计算器应用技巧

◎ 再现江恩大师独特计算方法

《江恩理论精髓：形态、价格和时间》

◎ 完整、立体式地将江恩精髓应用于日常实战

◎ 江恩理论精髓提炼基础上补充更适合中国市场的实战方法

◎ 帮助国内读者了解股市本质、建立自己的交易体系和规则

《江恩理论 – 金融走势技术分析 》

◎ 将江恩理论引进国内的鼻祖——黄栢中先生力作

◎ 忠于江恩原创性的同时增加大量应用图例及分析

◎ 利用国内实际市场案例，更有助于帮助国内读者掌握江恩理论

《江恩理论解析与实战应用十六讲》

◎ 在江恩理论科学化、系统化及本土化方面具有开拓性和原创性

◎ 从入门到精通，有思想有方法，有理论有实例

◎ 具有很高实战应用价值

《赢在转势前》

◎ 精选江恩核心内容

◎ 深入讲解星体运动对股市影响

◎ 结合中国股市案例，注重综合应用

◎ 对初学江恩理论的交易者更具指导性

微信扫码
了解江恩系列图书详情

欢迎加入江恩专属读者群 不错过每期江恩理论交流活动
舵手读书会不定期举办江恩技术研究系列活动